新媒体全能实战规划教材

新媒体数据分析

基础教程

赵春红——著

北京大学出版社
PEKING UNIVERSITY PRESS

内容简介

随着互联网的高速发展，新媒体行业已成为目前的热门行业之一，无论是个人，还是企业、机关、事业单位，都离不开新媒体。本书采用"课堂讲解＋课堂实训＋课堂小结＋课后作业"这一结构进行编写，既有基础理论，又有实操进阶，还有实战提高，非常适合读者进行学、练、查。

本书共 8 章，第 1 章主要介绍新媒体数据分析的基础知识；第 2 章主要介绍各种新媒体数据分析指标；第 3 章主要介绍新媒体数据的采集；第 4 章主要介绍新媒体数据处理；第 5 章主要介绍新媒体数据分析的思维和方法；第 6 章主要介绍新媒体数据可视化；第 7 章主要介绍不同新媒体平台的数据分析方法和实战技能；第 8 章主要介绍新媒体数据分析报告的制作。

本书由从事多年新媒体、电子商务数据分析工作的老师参与编写，内容全面、专业性较强，可以有效帮助读者掌握新媒体数据分析的方法和技能，为读者提供实用的新媒体数据分析指导。本书非常适合作为高等院校新媒体数据分析与运营相关专业的教材，也适合作为新媒体从业者的学习参考书。

图书在版编目（CIP）数据

新媒体数据分析基础教程 / 赵春红著. —— 北京：北京大学出版社，2022.9
ISBN 978-7-301-33336-5

Ⅰ.①新… Ⅱ.①赵… Ⅲ.①数据处理－应用－传播媒介－教材 Ⅳ.①G206.2-39

中国版本图书馆CIP数据核字（2022）第166157号

书　　　名	新媒体数据分析基础教程 XINMEITI SHUJU FENXI JICHU JIAOCHENG
著作责任者	赵春红　著
责任编辑	刘云　刘羽昭
标准书号	ISBN 978-7-301-33336-5
出版发行	北京大学出版社
地　　　址	北京市海淀区成府路205号　100871
网　　　址	http://www.pup.cn　新浪微博：@北京大学出版社
电子邮箱	编辑部 pup7@pup.cn　总编室 zpup@pup.cn
电　　　话	邮购部 010-62752015　发行部 010-62750672　编辑部 010-62570390
印刷者	北京圣夫亚美印刷有限公司
经销者	新华书店
	720毫米×1020毫米　16开本　16.25印张　283千字 2022年9月第1版　2024年1月第2次印刷
印　　　数	3001-5000册
定　　　价	69.00 元

未经许可，不得以任何方式复制或抄袭本书之部分或全部内容。
版权所有，侵权必究
举报电话：010-62752024　电子邮箱：fd@pup.cn
图书如有印装质量问题，请与出版部联系，电话：010-62756370

前　言

本书编写目的

随着移动互联网的高速发展，越来越多的企业或个人开始使用新媒体平台开展营销活动。新媒体是依托互联网发展起来的一种新兴媒体，互联网上每天都会产生大量的数据，因此，在新媒体运营的过程中也会产生大量的数据，如粉丝数据、图文数据、转化数据等。对这些新媒体数据进行系统、科学的分析，可以有效提升新媒体运营效率。

新媒体运营的方方面面都离不开数据的支撑，数据分析是新媒体运营者必须掌握的核心技能之一。因此，我们为新媒体数据分析人员量身打造了这本书，旨在帮助读者切实掌握新媒体数据分析的各项工作技能。

本书内容与学时安排

本书秉持理论与实践相结合的理念，以培养新媒体数据分析的技能型人才为目标，利用 Excel 等数据分析工具，结合大量新媒体数据分析案例，系统地讲解了新媒体数据分析的概念、工具、关键指标、流程，以及各新媒体平台中数据的具体分析方法。

本书结合了多年的教学与实战经验，建议读者按下表安排本书学时。

	内容要点	学习要求	建议学时（分钟）
第1章 新媒体数据分析概述	认识新媒体数据分析	★	45
	新媒体数据分析的基本流程	★★★	45
	新媒体数据分析的常用工具和软件	★★	30
	新媒体数据分析人员的基本要求	★★★	30
	课堂实训	★★★	30
第2章 新媒体数据分析指标	新媒体运营数据类型	★★	45
	新媒体数据指标	★★★	45
	课堂实训	★★	35
第3章 新媒体数据的采集	新媒体数据的采集基础	★★	45
	新媒体数据的获取渠道	★★	45
	课堂实训	★★★	30
第4章 新媒体数据处理	新媒体数据处理的基本流程	★★★	30
	使用Excel对数据进行清洗、加工和整理	★★★	135
	课堂实训	★★★	35
第5章 新媒体数据分析	新媒体数据分析的思维	★★	45
	新媒体数据分析的方法	★★★	90
	新媒体数据建模与分析	★★★	60
	课堂实训	★★★	45
第6章 新媒体数据可视化	认识新媒体数据可视化	★	30
	新媒体数据可视化的常用工具	★★	30
	新媒体数据可视化的应用	★★★	90
	课堂实训	★★★	45
第7章 新媒体数据分析实战指南	淘宝网店数据分析	★★★	90
	微信公众号数据分析	★★★	60
	微博数据分析	★★★	45
	今日头条数据分析	★★★	45
	抖音号数据分析	★★★	90
	课堂实训	★★★	45

续表

	内容要点	学习要求	建议学时（分钟）
第8章 新媒体数据分析报告	新媒体数据分析报告的作用	★	15
	新媒体数据分析报告的类别	★	25
	新媒体数据分析报告的撰写原则	★★	25
	新媒体数据分析报告的撰写流程	★★★	30
	新媒体数据分析报告的撰写思路	★★★	45
	撰写新媒体数据分析报告的基本要点	★★★	45
	课堂实训	★★★	45

注：★表示了解，★★表示熟悉，★★★表示掌握。

本书超值资源

（1）赠送本书PPT电子教案，可以帮助老师和读者梳理本书的重点。

（2）赠送本书案例的素材与效果文件、练习题库，方便读者练习和巩固所学知识。

（3）赠送名师视频课程。免费提供一线名师与新媒体、电商行业相关的实战视频教程，提高读者的实战应用能力。

温馨提示：对于以上资源，读者可以通过扫描封底二维码，关注"博雅读书社"微信公众号，找到资源下载栏目，输入本书77页的资源下载码，根据提示获取。

致谢

本书在编写过程中，得到了很多新媒体平台、网站，以及一些商家、个人的大力支持，特别是"海外财富网"提供的数据和案例，在此表示衷心的感谢。

在编写过程中，编者着力打磨内容，精益求精，但书中难免有疏漏和不足之处，欢迎广大读者提出宝贵的意见和建议。

目 录

第1章　新媒体数据分析概述　001
　1.1　认识新媒体数据分析　002
　1.2　新媒体数据分析的基本流程　006
　1.3　新媒体数据分析的常用工具和软件　010
　1.4　新媒体数据分析人员的基本要求　017
　课堂实训——利用新媒体数据分析进行热点营销　018
　课堂小结　020
　课后作业　021

第2章　新媒体数据分析指标　022
　2.1　新媒体运营数据类型　023
　2.2　新媒体数据指标　035
　课堂实训——搭建新媒体数据指标体系　039
　课堂小结　040
　课后作业　040

第3章　新媒体数据的采集　041
　3.1　新媒体数据的采集基础　042
　3.2　新媒体数据的获取渠道　046
　课堂实训——通过百度指数获取关键词相关数据　057
　课堂小结　061
　课后作业　061

第4章　新媒体数据处理　　062
4.1　新媒体数据处理的基本流程　　063
4.2　使用 Excel 对数据进行清洗、加工和整理　　067
课堂实训——将二维表转换成一维表　　091
课堂小结　　095
课后作业　　095

第5章　新媒体数据分析　　096
5.1　新媒体数据分析的思维　　097
5.2　新媒体数据分析的方法　　100
5.3　新媒体数据建模与分析　　108
课堂实训——使用漏斗图展示某微信公众号的客户转化率和
　　　　　　流失率情况　　111
课堂小结　　116
课后作业　　117

第6章　新媒体数据可视化　　118
6.1　认识新媒体数据可视化　　119
6.2　新媒体数据可视化的常用工具　　123
6.3　新媒体数据可视化的应用　　127
课堂实训——Excel 特殊图表样式的应用　　136
课堂小结　　146
课后作业　　147

第7章　新媒体数据分析实战指南　　148

7.1　淘宝网店数据分析　　149

7.2　微信公众号数据分析　　175

7.3　微博数据分析　　187

7.4　今日头条数据分析　　202

7.5　抖音号数据分析　　214

课堂实训——利用"飞瓜数据"分析单场抖音直播数据　　233

课堂小结　　237

课后作业　　237

第8章　新媒体数据分析报告　　238

8.1　新媒体数据分析报告的作用　　239

8.2　新媒体数据分析报告的类别　　239

8.3　新媒体数据分析报告的撰写原则　　241

8.4　新媒体数据分析报告的撰写流程　　241

8.5　新媒体数据分析报告的撰写思路　　242

8.6　撰写新媒体数据分析报告的基本要点　　245

课堂实训——《微信推广费用与推广效果专项研究报告》的

撰写方法　　246

课堂小结　　250

课后作业　　250

第1章 新媒体数据分析概述

本章导读

随着以数字化和移动网络为主体的新媒体时代的到来,媒体内容生产和信息传播的方式都产生了巨大的革新。在新媒体时代,数据和媒体越来越多地融合在一起,数据分析技术已经全面渗透到了新媒体的各个领域。为了使读者对新媒体数据分析有一个比较全面和基础的认识,本章将对新媒体数据分析的概念进行简单介绍,并对新媒体数据分析的基本流程进行梳理,同时介绍新媒体数据分析的常用工具和软件,以及新媒体数据分析人员的基本要求。

本章学习要点

- 认识新媒体数据分析
- 掌握新媒体数据分析的基本流程
- 熟悉新媒体数据分析的常用工具和软件
- 掌握新媒体数据分析人员的基本要求

1.1 认识新媒体数据分析

在新媒体时代，数据分析具有非常关键的意义和作用。运用新媒体数据分析手段进行内容生产和信息传播，已然成为新媒体运营的常态。下面介绍什么是新媒体数据分析，以及新媒体数据分析的特征和意义。

1.1.1 什么是新媒体数据分析

新媒体数据分析就是利用各种数据统计分析方法，对各类新媒体数据进行收集整理、汇总归纳和处理分析，并从中提炼有用的信息加以研究和总结。简单来说，数据分析的过程就是将数据转化为有用信息的过程，如图1-1所示。

图1-1 数据分析：将数据转化为有用信息

新媒体是利用数字技术和互联网向用户提供信息与服务的传播形态。新媒体中传递的所有信息，以及用户与新媒体之间的所有交互都可以被称为新媒体数据。新媒体数据中蕴含着非常丰富的信息，新媒体数据分析不仅可以使人类的社会活动、传播行为具有可计算性，还可以有效帮助新媒体运营人员进行精细化运营，以数据驱动业务决策，解决各种业务难题。因此，新媒体数据分析人员需要根据新媒体运营的需要，借助各种数据分析手段，对各类新媒体数据进行加工处理，并从中获取有用的信息和规律。

1.1.2 新媒体数据分析的特征

新媒体数据分析的主要研究对象是新媒体数据，而新媒体数据与其他类型数据相比，具有很大区别。新媒体数据类型丰富，包含文本、图片、音频、视频等多种

图1-2 新媒体数据分析的特征

存储形式。因此，新媒体数据分析与其他类型数据分析相比，也具有明显的区别。新媒体数据分析的特征主要体现在3个方面，如图1-2所示。

1. 注重数据间的网络关系属性

新媒体是伴随着互联网发展诞生的新兴产物，具有突出的社会属性。新媒体环

境是一张极为庞大且复杂的"社会关系网",通过对新媒体数据的分析和研究,能够发现社会关系和舆情等社会细节。因此,新媒体数据是一种具有关系属性的数据。

新媒体数据分析非常注重研究网络关系及关系模式,数据分析人员需要理解网络关系属性数据(即新媒体数据)的本质特征和生成机制,利用构建学习模型的方式开展数据分析。

2. 体现媒体融合的特征

新媒体的兴起直接推动了媒体融合的进程,新媒体数据及数据分析体现了媒体融合的特征。在新媒体中,信息和知识的载体是多元的,知识的传播方式也是灵活、多样的,不同平台、不同类型的媒体和与之相关的社会属性信息可以相互融合,从而形成综合性的信息和知识。这些来源于不同渠道的新媒体数据通过不同的方式,被赋予了时空、社区、热度、偏好等属性,数据与数据之间、数据与用户之间都呈现出了丰富、复杂的关联性。因此,在新媒体数据分析的过程中,需要针对如何构建融合多源数据的泛化模型、如何发现多源数据间的关联关系等媒体融合的核心问题进行重点分析和研究。

3. 具有学科多元性

大部分新媒体数据属于半结构化或非结构化数据,且具有文本、图片、音频、视频等多种存储形式,因此往往很难被人理解,这也为新媒体数据分析带来了巨大的挑战。数据分析人员需要结合一系列相关学科中的工具来解析、提取和分析新媒体数据,从而使新媒体数据分析呈现出学科多元性的特征。例如,新媒体文本数据的挖掘就涵盖了多个学科中的多种技术,包括数据挖掘、信息抽取、信息检索、机器学习和自然语言处理等。

> **知识拓展**
>
> **结构化数据、半结构化数据和非结构化数据**
>
> 结构化数据是指以固定格式存在的数据,以二维表结构进行逻辑表达,具有定义明确的数据类型,如数值型数据、字符型数据、日期型数据等。网络问卷调查数据、App监测指标数据、微信公众号运营数据等都是比较常见的新媒体结构化数据。
>
> 半结构化数据是指具有一定结构模式,但结构与数据相互混合的数

据。半结构化数据的数据结构不是特别清晰，常常处于动态变化的状态，没有严格的数据类型划分，具有良好的扩展性。半结构化数据主要通过自描述的文本方式进行记录，常见的半结构化数据主要来源于无严格模式限制的存储数据（如超文本、标记语言等）、结构和内容不固定的数据（如电子邮件等）、异构信息源集成的数据（如各类数据库、知识库等）。

非结构化数据是指没有固定结构的数据，其数据表现形式主要为文本、图形、图像、音频、视频等。

1.1.3 新媒体数据分析的意义

随着新媒体行业竞争的加剧，精细化运营势在必行。很多新媒体运营人员逐渐从过去的靠感觉、凭经验运营，转向由数据驱动运营决策，通过数据指导自己开展运营工作。在大数据时代，数据分析对于企业新媒体运营来说具有十分重要的意义，如图1-3所示。

图1-3 新媒体数据分析的意义

1. 熟悉企业的运营现状

新媒体运营的日常工作十分繁杂，包括网站内容更新、微信公众号推广、微博发布、今日头条推送、短视频和直播推广、粉丝维护、活动策划等。新媒体运营人员需要通过数据分析，及时掌握企业现阶段的运营状态，了解企业的营销趋势、盈亏状况和活动效果。

对于新媒体运营数据的分析，应重点关注网站流量数据、微信公众号粉丝数据、微博阅读数据、今日头条内容数据、活动转发与评论数据等。例如，在今日头条后台查看账号的关键数据，如图1-4所示，根据该账号的相关运营数据，可以分析账号的整体运营情况，判断该账号发布的内容是否有价值、是否能够实现企业的营销目标。

图1-4 某今日头条账号的关键数据

2. 预测企业的运营方向

在了解企业的运营现状，并进行深入分析后，数据分析人员就可以进一步对企业未来的运营状况进行预测，提前对企业进行全方位的运营规划了。

目前百度、腾讯等大型互联网公司已经将大量网络数据免费公开，数据分析人员可以在百度指数、新浪微指数、微信指数、头条指数等相关的数据平台查询数据，以帮助自己预测企业的运营方向，并判断企业的新媒体运营是否要与网络热度相结合。例如，通过百度指数查询"新媒体"这一关键词的搜索指数，可以判断新媒体行业当前的社会热度，从而做好企业新媒体运营的相关规划，如图1-5所示。

图1-5 百度指数的"搜索指数"模块

3. 控制企业的运营成本

新媒体运营中有两项重要工作，一是关注企业销售额的增长及品牌价值的提升；二是控制企业的运营成本，提高投产比。

大数据时代下，讲求的是"精准营销"，如果企业的新媒体广告投放没有精准的方向，不能获取精准的用户，那么广告费用就很有可能"打水漂"。因此，新媒体数据分析人员需要分析用户的城市分布、消费习惯、常用App等数据，每次投放广告前要结合近期的投放情况进行调整和优化，以控制企业的运营成本。

例如，某新媒体企业对100名优质用户进行了浏览习惯调研，统计了用户使用频率较高的几款App，如图1-6所示。运营人员需要根据调研结果来决定企业的广告投放平台，以获得更好的广告投放效果，降低企业的运营成本。

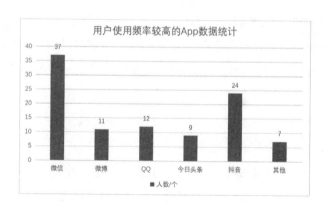

图1-6 用户使用频率较高的App数据统计

4. 评估企业的营销方案

营销方案是运营人员凭借以往的运营经验制订的工作规划,最终需要通过客观、真实的数据来评估方案的可行性和有效性。另外,通过数据分析还可以及时发现营销方案在实际执行过程中遇到的问题,为下一个营销方案的制订提供参考依据。

例如,某企业新媒体部门策划新产品线上推广方案时,计划在微信、微博、抖音3个平台上推广新产品。营销方案实施一周后,数据分析人员对3个平台的推广费用和新产品销售数量进行了统计,如表1-1所示。从该统计表中可以看到,微信和微博两个平台的推广费用没有抖音平台的推广费用高,但这两个平台的新产品销售数量也远低于抖音平台,由此可以得出的营销方案评估结果是:在本次推广中,抖音平台的推广效果最好,企业应适当减少在微信和微博两个平台的推广费用,加大在抖音平台的推广力度。

表1-1 新产品线上推广数据统计

推广平台	推广费用/元	销售数量/件
微信	1200	123
微博	800	51
抖音	1500	720

1.2 新媒体数据分析的基本流程

数据分析是在明确分析目的的前提下,对数据进行采集、整理、加工和分析等一系列操作,并提炼有价值的信息。新媒体数据分析一共包含5个步骤,其基本流程如图1-7所示。

图1-7　新媒体数据分析的基本流程

1.2.1　明确新媒体数据分析的目的

数据分析必须有明确的分析目的，数据分析人员首先要考虑的就是数据分析的目的是什么，要达到什么样的效果，需要解决什么业务问题。只有明确了分析目的，数据分析人员才能找准分析的方向，知道接下来要收集哪些数据。如果分析目的不明确，数据分析就会失去方向和意义，最终无法获得想要的结果，成为无效的分析。

明确分析目的的思路很简单：数据分析人员需要先根据数据分析的需求，提炼出需要解决的具体问题，然后找到问题的关键点，再确定数据分析的目的。

例如，某新媒体企业当前的数据分析需求是"提升企业微信公众号的粉丝数量"。根据这一需求可以提炼出需要解决的具体问题是"企业微信公众号的粉丝数量增长缓慢"。进一步分析后可以发现，出现这个问题的根本原因在于"企业微信公众号的推广没有做好"。因此，接下来数据分析人员就可以将"找到企业微信公众号推广过程中的不足之处"设定为此次数据分析的目的。

1.2.2　采集新媒体数据

明确了分析目的后，数据分析人员需要根据分析目的有针对性地收集、整合相关数据，也就是采集数据、挖掘数据。采集数据是数据分析的基础工作，由于数据分析的目的不同，需要的数据也会有所不同，如表1-2所示。

表1-2　不同分析目的需要采集的数据示例

分析目的	需要采集的数据
确定合适的新媒体推广渠道	产品销售页面日均浏览量、不同渠道的流量、不同渠道的转化率等
寻找网页转化率较低的原因	用户浏览时间、网页跳出率、用户跳出位置等
确定适合网上销售的产品	产品页面浏览量、产品销量、产品评价等
寻找微信公众号推广过程中出现的问题	粉丝来源、粉丝增加数量、粉丝流失数量等

明确了数据分析需要的数据后，数据分析人员就可以正式开始采集数据了。采集数据的渠道和方法主要有3个：通过对应的网站后台获取数据、通过第三方数据分析工具获取数据、通过人工统计获取数据。

（1）通过对应的网站后台获取数据

很多新媒体平台的后台都会为用户提供一些账号数据，便于用户进行数据分析和账号运营。对于网站后台提供的数据，数据分析人员可以直接在后台复制或下载。常见的可以通过网站后台获取的新媒体数据包括微信公众号用户数据、微博阅读数据、网店销售数据、今日头条推荐数据等。

（2）通过第三方数据分析工具获取数据

对于无法通过网站后台获取的数据，可以通过百度指数、生意参谋、西瓜数据等第三方数据分析工具来进行挖掘和获取。通过第三方数据分析工具，数据分析人员可以采集到网站点击数据、网站跳出数据、访问来源数据、用户属性数据、微信评论数据等。

（3）通过人工统计获取数据

一些个性化数据（如口碑数据、多平台阅读数据等）无法通过网站后台和第三方数据分析工具获取，需要数据分析人员进行人工统计。

1.2.3 处理新媒体数据

数据处理是数据分析过程中非常重要的一个环节，直接影响数据分析的质量，也是整个数据分析过程中用时最多的一个环节。

数据分析人员在数据采集环节获取的数据通常属于原始数据，这样的数据一般是不能直接用于数据分析的。因此，数据分析人员还需要对采集到的数据进行清洗、加工、整理等一系列的工作，使这些待分析的数据的质量和规范符合数据分析的标准，为后续具体的数据分析做准备。处理数据的软件很多，常用的数据处理软件有Excel、Python、SPSS和MATLAB等，其中，Excel是一款普及性较强且非常容易入门的数据分析软件，能够满足大多数新媒体数据分析工作的需要。在本书后续的内容中，将会为大家系统地讲解如何使用Excel进行新媒体数据分析。

1.2.4 分析新媒体数据

经过加工与处理后的数据具有了可分析性，此时数据分析人员就可以正式开始对数据进行分析了。数据分析是整个数据分析流程中最为关键的一个环节，前面的数据采集和数据处理均是为具体的数据分析提供服务的。在数据分析过程中，数据分析人员往往需要利用一些分析工具来建立数据模型，以对数据进行深度分析。

数据分析就是使用分析工具和科学的方法与技巧对处理好的数据进行分析，挖掘出数据的因果关系、内部联系、业务规律，从而获得一些有价值的结论，为项目决策者提供参考。

常见的新媒体数据分析主要包括4个方面的内容，即流量分析、销售分析、内容分析和执行分析，如图1-8所示。

图1-8 新媒体数据分析的内容

（1）流量分析

流量分析是指通过对访问量、访问时间、跳出量、跳出率等流量数据进行分析，评估网站或网店的运营情况。随着移动互联网的高速发展，现在的网站或网店流量大部分都是移动流量，因此，流量分析也以移动流量数据为主。常见的移动流量数据包括H5访问量、微网站流量、微网站跳出率等。

（2）销售分析

销售分析是指以当前互联网销售问题为分析目的，对下单数量、支付比例、二次购买数量等销售数据进行分析。

 提示　销售分析不只针对网上消费产生的数据，消费者通过线上预订，然后在线下消费所产生的数据，也可以算作销售分析的范畴。

（3）内容分析

内容分析是指对新媒体内容的发布情况进行统计分析。常见的新媒体内容分析数据包括阅读量、转发量、推荐量等。通过内容分析，可以有效地对新媒体文章的标题、内容及推广情况等进行评估。

（4）执行分析

执行分析是指对新媒体团队日常执行工作的情况进行分析和评估，以判断新媒体团队的工作效率。执行分析主要是对文章撰写速度、客服响应效率、软文发布频率等数据进行分析。

1.2.5 呈现新媒体数据

数据分析完成后，接下来要做的就是将数据分析的结果呈现给阅读者。为了方便阅读，通常会将一些堆砌的数据信息及分析结果通过图表（如柱形图、折线图、饼图、漏斗图等）的方式直观地呈现出来。

一个条理清晰、通俗易懂的图表对于数据分析结果的呈现是非常重要的。常见的新媒体可视化图表分为基本图表、统计图表和科学图表3大类，如图1-9所示。在本书后面的内容中，将会为大家详细讲解一些常用可视化图表的应用。

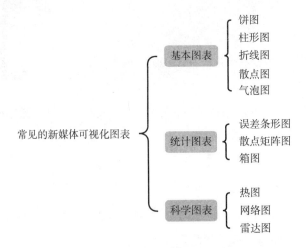

图1-9 常见的新媒体可视化图表

1.3 新媒体数据分析的常用工具和软件

数据分析可以帮助新媒体运营人员解决很多问题，如确定运营方向、解决运营问题、控制运营成本等。借助精准、高效的数据分析工具和软件开展数据分析工作，能够有效提升新媒体运营的效率。下面介绍一些新媒体数据分析的常用工具和软件。

1.3.1 新媒体数据分析的常用工具

数据分析在新媒体领域的应用越来越多，很多企业和机构为了方便新媒体数据分析工作的开展，推出了很多实用性很强的新媒体数据分析工具，如分析新媒体账号发展状况的新榜、提供新媒体排行榜的清博智能、用户行为分析平台神策数据等。

1. 新榜

新榜是一个综合性的新媒体内容生态服务平台，基于当下各主流新媒体平台

（如微信、微博、抖音、小红书、快手、今日头条、哔哩哔哩等），发布真实、有价值的运营榜单，以便用户清晰地看到新媒体平台的整体发展状况，为账号运营提供参考。新榜的首页如图1-10所示。

图1-10　新榜的首页

新榜根据数据产生的时间，将各新媒体平台的数据分为日榜、周榜和月榜，用户可以在榜单中看到账号的发布作品数、转发数、评论数、点赞数、新增粉丝数、累计粉丝数等数据。同时，新榜还基于各主流新媒体平台，提供新抖、新视、新红、新站、新快等数据工具，为用户提供实时热门素材、品牌声量、直播电商等全面的数据监测分析功能。新榜中的"新抖"数据分析模块如图1-11所示。

图1-11　新榜中的"新抖"数据分析模块

2. 清博智能

清博智能是一个覆盖全域的新媒体大数据平台，也是国内发布各类互联网、新媒体、大数据排行榜的权威机构。清博智能拥有清博指数、清博舆情、新媒体管理考核系统等多个核心产品，提供微信、微博、今日头条等新媒体平台的排行榜、舆情报告、数据咨询、融媒体等服务。在清博智能中，除了可以查看微信、微博、今日头条等新媒体榜单，还可以一键查询爆款热文，及时了解市场爆文情况，为新媒体内容创作提供参考。清博智能的首页如图1-12所示。

图1-12 清博智能的首页

3. 神策数据

神策数据是一个基于用户大数据分析和用户管理需求的多维度数据分析平台，具有私有化部署、支持基础数据采集与建模、PaaS平台开发等优势。如果新媒体数据分析人员想要获取精准的用户画像，可以借助神策数据进行用户行为分析。神策数据的首页如图1-13所示。

图1-13 神策数据的首页

此外，神策数据还拥有多维度数据实时分析功能，以及事件分析、漏斗分析、留存分析、分布分析等8大分析模型，可以轻松帮助数据分析人员解决用户数据分析的各种需求，如深度洞察用户行为，深入了解用户从哪里来、在哪里消失，从而找到新的产品增长点，提高企业的运营效率。

4. GrowingIO

GrowingIO 是一款实时采集用户行为数据的工具，它可以针对数据进行可视化实时出图，帮助数据分析人员更加直观地了解数据发展情况。GrowingIO 还拥有颗粒度更细的用户行为洞察系统，能够帮助运营人员更好地洞察用户行为，灵活制订推广方案。GrowingIO 的首页如图 1-14 所示。

图1-14　GrowingIO的首页

通常为了采集用户的数据，如浏览轨迹、点击记录等，开发人员需要在网站或 App 中大量埋点，而 GrowingIO 数据采集最大的亮点就在于不需要开发人员埋点，即可获取并分析全面、实时的用户行为数据，为用户行为数据采集带来了极大的便利。

5. 微信指数

微信指数是微信官方提供的基于微信大数据分析的移动端指数，能反映关键词在微信中的热度变化情况。微信指数整合了微信中的搜索和浏览行为数据，对微信搜索、公众号、视频号等内容进行综合分析，从而获取关键词的动态指数变化情况，便于数据分析人员查看某个关键词在一段时间内的热度趋势和最新指数动态。

微信指数通过手机微信小程序就可以查看，十分方便，具体使用方法如下。

（1）打开微信，点击右上角的"搜索"按钮 🔍，如图 1-15 所示。

（2）跳转到搜索页面，在顶部搜索框中输入"微信指数"，选择"微信指数"小程序，如图 1-16 所示。

图1-15 点击"搜索"按钮　　图1-16 选择"微信指数"小程序

（3）进入"微信指数"小程序主页面，如图1-17所示。

（4）在搜索框中输入需要查看的关键词（如"微信"），即可查看关键词近7天或近30天的相关数据，如图1-18所示。

 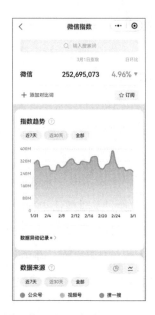

图1-17 "微信指数"小程序主页面　　图1-18 查看关键词的相关数据

> 提示　直接在微信搜索页面中搜索"关键词＋微信指数"或"微信指数＋关键词",也可以获取关键词的微信指数。

6. 西瓜数据

西瓜数据是一款用于监控公众号运营及广告投放效果的专业大数据分析工具,提供全网优质公众号查询、监控及诊断等数据服务,并提供多维度的公众号排名、公众号推荐等实用功能。西瓜数据的首页如图1-19所示。

图1-19　西瓜数据的首页

1.3.2　新媒体数据分析的常用软件

除了常用的新媒体数据分析工具,数据分析人员还需要通过 Excel、SPSS 等常用的数据处理软件,进行新媒体数据的处理、加工和分析。

1. Excel

Excel 是一款比较常见和基础的数据分析软件,其数据分析功能十分强大,不仅提供简单的数据处理功能,还提供专业的数据分析工具库,包括相关系数分析、描述统计分析等,能够很好地满足新媒体数据分析人员的数据分析需求。

对于初学者来说,Excel 是非常容易上手的数据分析软件,新媒体数据分析人员可以利用 Excel 处理人工统计数据和后台导出数据。

（1）利用 Excel 处理人工统计数据

在新媒体运营过程中产生的某些数据是新媒体平台和第三方数据分析工具无法获取的,如文字发布数量、后台评论类别、同行口碑分析等。此时就需要数据分析人员对这些数据进行人工统计,然后再将人工统计的数据整理到 Excel 中进行进一步的分类汇总和分析。

（2）利用Excel处理后台导出数据

Excel中的函数、数据透视表、图表等功能能够很好地满足新媒体数据分析的需求。因此，数据分析人员可以将从新媒体平台或第三方数据分析工具中获取的数据导出至Excel中，然后再利用Excel对数据进行个性化分析，如时间分析、公式分析、对比分析、趋势分析等。

例如，在今日头条后台查看数据时可以看到"下载Excel"按钮，单击该按钮即可将后台数据导出至Excel中，如图1-20所示。

图1-20　今日头条后台的"下载Excel"按钮

2. SPSS

SPSS系列软件是由IBM推出的用于统计学分析运算、数据挖掘、预测分析和决策支持任务的软件。SPSS系列软件主要包括SPSS Statistics和SPSS Modeler版本。

SPSS Statistics专注于数量统计分析，涵盖多种统计分析方法，拥有参数检验、回归分析、相关性分析、预测等功能。SPSS Statistics的操作界面如图1-21所示。

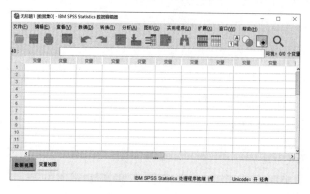

图1-21　SPSS Statistics的操作界面

SPSS Modeler 主要侧重于数据挖掘，内置了多种数据挖掘模型，并提供可视化的交互建模方式，用户只需拖曳想要创建模型的可视化图表，即可轻松构建一个全方位的数据分析模型。

1.4 新媒体数据分析人员的基本要求

新媒体数据分析工作需要很多时间和精力，新媒体数据分析人员不仅要具备一定的职业技能，还要拥有一定的耐心和承受能力。下面总结了几项新媒体数据分析人员的基本要求，帮助读者更好地认识和理解新媒体数据分析岗位。

1. 严谨负责的态度

严谨负责的工作态度是新媒体数据分析人员必备的基本素质之一。数据分析人员只有做到工作严谨负责，才能保证数据客观和准确。数据分析人员很多时候就像医生一样，通过对各种运营数据进行分析，找出当前运营中的问题和症结。因此，数据分析人员必须具备严谨、负责的工作态度，客观、真实地分析新媒体运营过程中存在的问题，为决策者提供有效的参考依据。

2. 强烈的好奇心

新媒体数据分析人员要积极主动地发现和挖掘隐藏在数据内部的真相，因此必须具有强烈的好奇心。为什么会得到这样的结果？得到这个结果的原因是什么？这个数据的变化受什么因素影响？这一系列问题都需要在进行数据分析时提出，并通过数据分析，找到满意的答案。一名优秀的数据分析人员的好奇心通常很强，他往往在解决一个问题后，又会抛出一个新的问题，继续研究下去。数据分析人员只有具备刨根问底的精神，才能对数据和结论保持敏感，从而找出数据背后的真相。

3. 清晰的逻辑思维

新媒体数据分析人员还需要具备清晰的思维和逻辑推理能力。数据分析是一项复杂而烦琐的工作，分析时会遇到各种各样的问题，如果没有清晰的逻辑思维，脑海中没有分析的结构和框架，很容易走进"死胡同"出不来。因此，新媒体数据分析人员必须具有清晰的逻辑思维，能够真正厘清问题的整体及局部的结构，然后在深度思考后，找到结构中的逻辑关系。只有这样才能真正给出客观、科学的数据分析结果。

4. 了解产品

数据分析并不是只看数据表面的内容，更重要的是要看到隐藏在数据背后的问题。要做到这点，就需要新媒体数据分析人员了解产品。如果数据分析人员不了解要分析的产品，就容易被数据误导，只能看到趋势是上升还是下降，但却不知道它代表的是什么含义，自然无法得到有效的分析结果。只有在充分了解产品的情况下，才能更好、更有效地分析问题，得到可靠的数据分析结果。

课堂实训——利用新媒体数据分析进行热点营销

很多新媒体运营者会通过发布含有热点话题的内容，吸引用户关注，从而打开产品的营销渠道。要想更好地找到热点话题，就需要结合各数据分析平台的相关排行榜进行分析，具体可以从以下3个方面入手。

1. 利用百度指数分析热点趋势

百度指数是非常重要的数据分析平台之一，该平台是基于百度用户行为数据建立的，通过该平台，新媒体数据分析人员能够了解某个话题的热度。如果想了解某个话题的热度趋势，在百度指数搜索栏中输入关键词，然后查看该关键词的搜索指数趋势图即可，如图1-22所示。

图1-22 百度指数的"搜索指数"模块

如果数据分析人员需要同时分析多个关键词，还可以单击"添加对比"按钮添加新关键词，同时查看多个关键词的搜索指数趋势图，如图1-23所示。

图1-23　对比分析两个关键词的搜索指数

2. 利用微博热搜分析热点话题

微博热搜向用户展示了微博平台中关注度比较高的热点事件。查看微博热搜的方法很简单，在微博手机端登录账号后，点击页面下方的"发现"按钮，进入微博"发现"页面，然后点击"更多热搜"按钮，如图1-24所示；进入"微博热搜"页面，即可查看当前的微博热搜话题排行，如图1-25所示。

图1-24　微博"发现"页面

图1-25　"微博热搜"页面

图1-26 搜索"天猫榜单"

新媒体运营人员可以根据平台的运营方向，找到关注的领域的话题，然后将话题嵌入推送的内容中，以此提高用户对内容的关注度。

3. 利用天猫榜单分析热销产品

对于电商类或以销售产品为主的新媒体运营者来说，关注市场行情，及时挖掘热销产品非常重要。数据分析人员可以通过天猫榜单查看天猫平台的热销产品排行榜。具体操作方法为：登录手机淘宝，在搜索框中输入"天猫榜单"，点击"搜索"按钮，如图1-26所示；进入"天猫榜单"页面，即可查看不同类目产品的热销榜单，如图1-27所示；点击任意类目产品热销榜旁边的"查看更多"按钮，可以查看该类目产品完整的热销榜，如图1-28所示。除了热销榜，在天猫榜单中还可以查看产品的好评榜、回购榜及活动期间的热卖榜和加购榜。

图1-27 进入"天猫榜单"页面

图1-28 查看完整产品热销榜

课堂小结

本章为新媒体数据分析的概述，主要帮助读者对新媒体数据分析的基本概念有一个大致的了解。通过对本章的学习，读者可以了解新媒体数据分析的概念、特征和意义，熟悉新媒体数据分析的常用工具和软件，掌握新媒体数据分析人员的基本要求及新媒体数据分析的基本流程，为后面学习新媒体数据分析各项技能打下坚实的基础。

课后作业

1. 请简述新媒体数据分析的基本流程。
2. 新媒体数据分析与其他类型数据分析相比有哪些显著特征？

第 2 章 新媒体数据分析指标

本章导读

要掌握新媒体数据化运营的能力,自然离不开各种各样的数据指标。新媒体数据分析的前提就是搭建好新媒体数据指标体系,做好数据采集和监控工作,后续再通过具体的数据分析实现新媒体运营工作的优化和提升。本章将讲解新媒体运营数据的 4 大类型和常用的 5 类新媒体数据指标。

本章学习要点

- 熟悉新媒体运营数据类型
- 掌握新媒体数据指标

2.1 新媒体运营数据类型

新媒体运营数据可分为4大类，分别是用户数据、图文数据、竞品数据和行业数据，如图2-1所示。其中，用户数据和图文数据主要反映新媒体的运营情况，竞品数据和行业数据主要反映外部的竞争和市场情况。

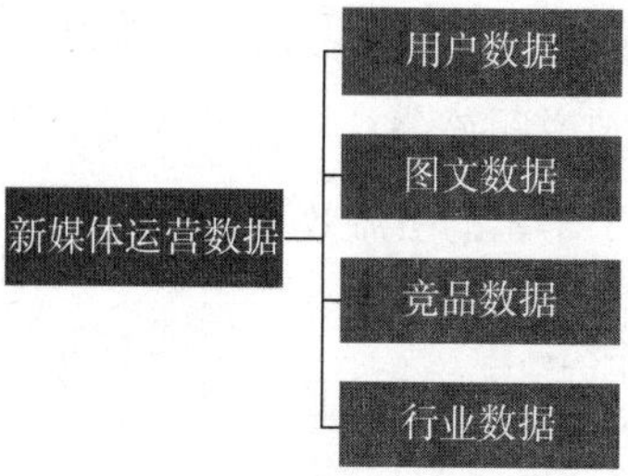

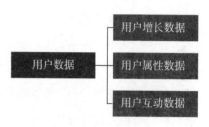

图2-1 新媒体运营数据类型

2.1.1 用户数据

用户运营是新媒体运营中的重点工作，用户数据主要包括用户增长数据、用户属性数据、用户互动数据，如图2-2所示。这些用户数据可以反映出新媒体用户运营中存在的各种问题。通过对用户数据进行分析，可以及时优化和解决用户运营过程中存在的问题，帮助企业高效、快速地获取大量优质用户。

图2-2 新媒体用户数据

1. 用户增长数据

用户增长数据反映的是新媒体平台关注人数的变化情况。用户增长数据的核心指标是平台（或账号）的关注人数。此外，在分析用户增长数据时，还需要对关注人数的变化趋势和关注来源进行分析。

例如，在微信公众号后台可以查看用户的昨日关键指标，即昨日关注人数的变化情况，目前可以看到公众号关注人数日、周、月的涨幅，如图2-3所示。

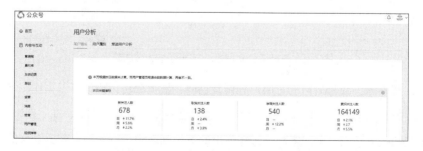

图2-3 微信公众号的关注人数相关指标

在这些关键指标中，数据分析人员应重点关注"新关注人数"，因为该指标能够体现公众号的拉新能力。如果"新关注人数"相较于之前的数据有明显的上升，则说明该公众号之前发布的某篇文章很受用户喜欢，或者近期公众号的推广起到了不错的引流效果。

图 2-3 中各关注人数指标的含义如下。

新关注人数：新关注的用户数（不包括当日重复关注用户）。

取消关注人数：取消关注的用户数（不包括当日重复取消关注用户）。

净增关注人数：新关注人数减去取消关注人数。

累积关注人数：目前关注公众号的用户总数。

在微信公众号后台，数据分析人员还可以针对新增人数、取消关注人数、净增人数、累积人数进行趋势分析。例如，查看某微信公众号最近 30 天新增人数的趋势图，如图 2-4 所示。

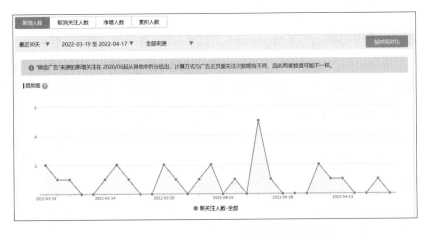

图2-4　某微信公众号最近30天新增人数的趋势图

在新媒体公众号后台查看用户分析数据时，数据分析人员也可以关注一下公众号的用户增长来源，了解自己的公众号最适合哪种推广方式。例如，在"新增人数"趋势图的上方单击"全部来源"，在弹出的下拉列表中可以看到目前公众号的用户增长来源，包括搜一搜、扫描二维码、文章内账号名称、名片分享、支付后关注、他人转载、微信广告、视频号直播、视频号、其他合计等，如图 2-5 所示。

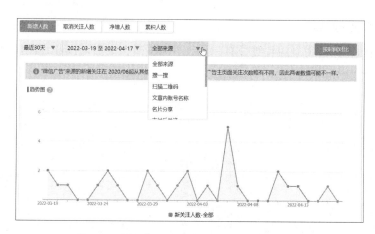

图2-5　某微信公众号最近30天用户增长来源

2. 用户属性数据

用户属性数据即用户画像，是新媒体平台根据用户的性别、年龄、地域等不同属性对用户进行划分的数据。分析用户属性数据，可以更有针对性地为用户提供优质的内容和服务。

以微信公众号平台为例，在微信公众号后台的"用户分析"模块中可以对用户属性进行分析，用户属性包括人口特征、地域归属、访问设备等。

（1）人口特征

人口特征包括性别分布、年龄分布、语言分布等，新媒体运营人员可以根据这些用户数据来优化和调整文章风格。例如，某微信公众号的用户性别分布如图2-6所示，从图中可以看到关注该公众号的男性用户多于女性用户，那么该公众号发布的内容就应该以男性话题为主。

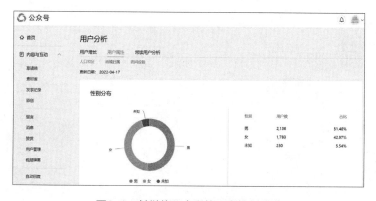

图2-6　某微信公众号的用户性别分布

（2）地域归属

地域归属包括用户的省级分布和地级分布，运营人员可以通过该模块中的数据清楚地掌握公众号关注用户的地域分布情况，如图2-7所示。

地域	用户数	占比
山东省	956	28.61%
广东省	450	13.46%
北京	316	9.46%
上海	224	6.70%
浙江省	136	4.07%
江苏省	131	3.92%
香港	83	2.48%

地域	用户数	占比
青岛	737	79.42%
济南	61	6.57%
潍坊	24	2.59%
烟台	17	1.83%
临沂	14	1.51%
东营	11	1.19%
威海	10	1.08%

图2-7　某微信公众号的用户地域归属

（3）访问设备

用户的访问设备数据对于新媒体数据分析来说同样很重要。在公众号中，同样的标题和封面在不同访问设备上显示的效果是不一样的。例如，某微信公众号的用户终端分布如图2-8所示，从图中可以看到，使用Android手机访问公众号的用户最多，那么该公众号内容的图文排版、封面尺寸、标题长度等都需要调整为更适合Android手机的状态，以提升主流用户的阅读体验。

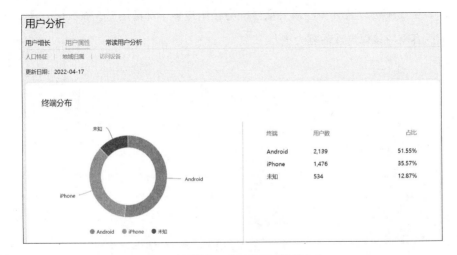

图2-8　某微信公众号的用户终端分布

3. 用户互动数据

用户互动数据是指用户对内容进行点赞或留言所产生的数据，该数据反映的是运营者与用户之间的互动情况，是衡量用户黏性的重要数据。

常见的用户互动数据有两类，一类是基于某个新媒体账号内容的留言和点赞；另一类是基于某个新媒体账号收到的用户消息。

（1）留言和点赞

用户与新媒体内容的互动情况可以通过留言数、点赞数与阅读量之间的比例进行衡量，比例越高，说明用户与新媒体内容的互动度越高。通过横向比较不同新媒体内容的留言和点赞情况，可以清楚地知道用户对哪些内容感兴趣，对哪些内容不感兴趣。对于互动效果好的内容，运营人员可以多策划一些，以提升用户的黏性。

例如，今日头条上某篇文章的点赞数高达6962个，留言有572条，用户的互动热情非常高，说明该篇文章很受用户欢迎，如图2-9所示。

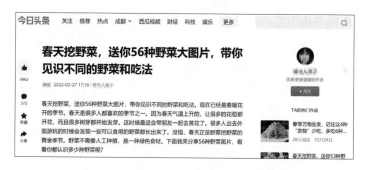

图2-9　今日头条上某篇文章的留言和点赞数据

（2）用户消息

有时新媒体运营者为了引导用户互动和关注，会策划一些送福利活动。例如，某微信公众号与某乐园联合推出优惠门票，该公众号在文章中告知用户，只要关注公众号，并向公众号发送指定关键词，即可进入购票入口，购买优惠门票，如图2-10所示。用户关注公众号以后，点击"发消息"按钮，向公众号发送指定关键词，即可收到公众号回复的相关消息，如图2-11所示。

图2-10　某公众号文章中的优惠信息　　　　图2-11　向该公众号发送消息

要想知道用户对优惠活动的参与度和热情度，就需要关注公众号的消息数据指标。在微信公众号后台依次单击"统计"→"消息分析"选项，即可查看消息发送人数、消息发送次数、人均发送次数等消息数据指标，如图2-12所示。

图2-12　查看公众号的消息数据指标

2.1.2　图文数据

图文数据是新媒体运营中非常重要的数据指标之一，它反映的是新媒体平台上各篇图文内容的数据情况，通过这些图文数据，新媒体运营人员可以清楚地掌握各篇图文的送达人数、阅读人数、转发人数等。

以微信公众号平台为例，数据分析人员既可以对单篇图文数据进行分析，也可以对全部图文数据进行分析。

1. 单篇图文数据

单篇图文数据是指单次推送的图文数据。对于已群发的内容，数据分析人员可以在微信公众号后台依次单击"内容分析"→"群发分析"→"单篇群发"选项，查看单篇图文内容的群发数据，包括该图文内容的标题、发布时间、阅读次数、分享次数、阅读后关注人数、送达阅读率、阅读完成率，如图2-13所示。

单击单篇图文右侧的"详情"按钮，还可以进一步查看该篇图文内容的送达转化、分享转化、数据趋势、阅读完成情况及用户画像。

图2-13　单篇群发数据

（1）送达转化

送达转化指标反映的是单篇图文内容的打开率，其计算公式为：打开率 = 公众号消息阅读次数 ÷ 送达人数，如图2-14所示。要想提升图文内容的打开率，需要着重从内容标题入手进行优化。

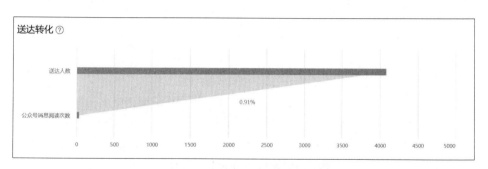

图2-14　单篇图文内容的送达转化数据

（2）分享转化

分享转化指标包括公众号消息阅读次数、首次分享次数、总分享次数和分享产生的阅读次数，如图2-15所示。其中，该篇文章的首次分享率＝首次分享次数÷公众号消息阅读次数×100%；而分享产生的阅读次数÷总分享次数，则体现了用户分享带来了多少阅读量。

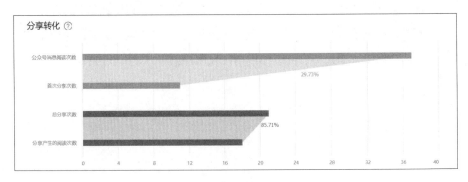

图2-15　单篇图文内容的分享转化数据

（3）数据趋势

数据趋势包括该公众号文章在不同传播渠道中的图文阅读情况和图文分享情况，如图2-16所示。目前公众号的阅读来源包括公众号消息、聊天会话、朋友圈、朋友在看、看一看精选、搜一搜、公众号主页及其他渠道。通过分析文章的阅读来源，可以推断出阅读者的阅读场景，以便运营人员更好地进行内容优化。

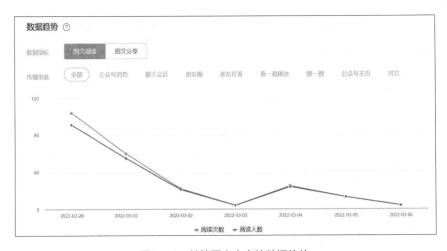

图2-16　单篇图文内容的数据趋势

（4）阅读完成情况

通过对单篇文章的阅读完成情况进行分析，数据分析人员可以知道用户在该篇文章不同浏览位置的跳出比例和仍读比例，如图2-17所示。其中，跳出比例可以间接帮助运营人员衡量文章的内容质量，跳出比例＝跳出人数÷总阅读数。通常在用户浏览完20%的内容时，会出现比较高的跳出率，说明文章的开头是决定用户是否继续浏览全文的关键因素。而仍读比例可以衡量该篇文章对用户的吸引程度，仍读比例＝仍读人数÷总阅读数。在浏览位置的100%处，仍读人数越多，说明文章的吸引力越大。

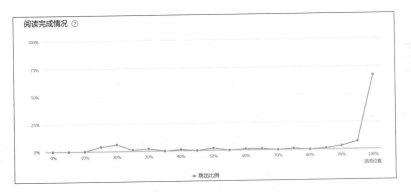

图2-17　单篇文章的阅读完成情况

（5）用户画像

用户画像主要是从性别、年龄和地域三方面对该篇图文内容的阅读者进行用户属性分析。图2-18所示为某篇图文内容的用户性别分布情况。数据分析人员可以对照账号的用户画像对单篇文章的用户画像进行深入分析。

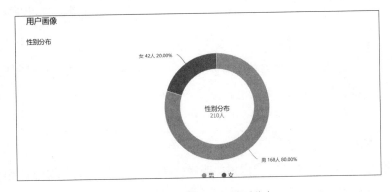

图2-18　单篇文章的性别分布

2. 全部图文数据

全部图文数据用于对某一微信公众号整体图文内容进行质量分析，包括 3 个核心指标，分别是阅读次数、分享次数和完成阅读次数，如图 2-19 所示。

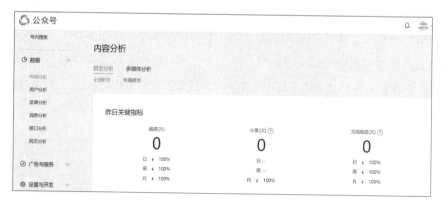

图2-19 全部图文数据的核心指标

- 阅读（次）：用户阅读图文内容的次数。
- 分享（次）：用户转发或分享到好友会话、群聊、朋友圈及点击朋友在看的次数。
- 完成阅读（次）：用户滑动到图文消息底部的次数。

2.1.3 竞品数据

在新媒体运营中，除了要分析自身数据，还需要对竞品数据进行观察和分析。通过竞品数据分析可以更加客观地评估自身运营状况，及时做好相关的运营优化。新媒体竞品数据分析通常分为 3 步，如图 2-20 所示。

图2-20 新媒体竞品数据分析的3个步骤

> 提示：在进行新媒体竞品数据分析时，既可以针对一个账号进行细致的调研分析，也可以同时对比分析多个账号。

1. 找到竞品账号

在进行竞品数据分析前，首先需要明确自己的竞争对手是谁，找到竞品账号。一般我们会将所属领域相同、目标用户相同、目标市场一致的新媒体账号视为竞品账号。以某运营类微信公众号为例,要找到该公众号的竞品账号,需要先根据该账号所处的行业、领域来确定一个关键词,如"运营""互联网""新媒体"等;然后再通过新榜、清博智能、西瓜数据等数据分析平台搜索与该关键词相关的账号,从而找到值得关注和分析的竞品账号。例如,在清博指数中搜索关键词"运营",即可找到与"运营"相关的竞品账号,如图 2-21 所示。

图2-21 在清博指数中搜索关键词获得的结果

2. 基础信息记录

确定好需要分析的竞品账号后,数据分析人员接下来就需要对这些账号的基础信息进行统计和记录,记录的内容包括更新频率、更新时间、原创比例、选题方向等。经过这一步操作后,数据分析人员可以掌握竞品账号的基本情况,对竞品账号的质量及运营策略有一个大致的了解,同时还可以确定哪些账号是需要长期保持关注的。

3. 优质推送分析

对于需要长期保持关注的竞品账号,数据分析人员应定期针对这些账号中数据表现较好的文章进行重点分析,这一步骤同样可以借助数据分析工具完成。例如,在清博指数中可以按最新、阅读数、在看数、点赞数等维度查看竞品账号最近 30 天的文章数据,如图 2-22 所示。

图2-22 利用清博指数查看竞品账号最近30天的文章数据

2.1.4 行业数据

行业数据是以行业为依据的一些数据指标,通过对行业数据进行分析,新媒体运营者可以及时掌握行业的趋势和变化,从而顺势调整企业的运营策略。行业数据的关注重点主要是市场整体趋势和行业排名。

1. 市场整体趋势

市场整体趋势主要是对行业的市场占有率、市场潜在拓展率及市场饱和度等数据指标进行分析。如果某个行业的市场容量已经趋于饱和,在没有进行深入分析的情况下就贸然进入该行业,很有可能会被强劲的竞争对手击败。因此,在进入一个行业前,一定要先进行市场整体趋势分析,这样才能绕开红海市场,找到蓝海市场,从而为企业的新媒体运营奠定良好的基础。

例如,在百度指数中可以查看一段时间内某一行业的搜索指数,进而了解该行业的受关注情况,如图2-23所示。

图2-23 在百度指数中查看行业的搜索指数

2. 行业排名

掌握行业及产品的排名，可以更有计划地开展各项运营与推广工作，以提高新媒体企业的产品销量和排名。例如，在百度指数的"行业排行"模块中可以查看汽车、手机、化妆品等行业的搜索指数排行和资讯指数排行，如图2-24所示。

图2-24　百度指数的"行业排行"模块

2.2　新媒体数据指标

在运营行业中有一个被普遍认可的业务分析模型，即AARRR模型，该模型展示的是运营的5个阶段：获取用户（Acquisition）、活跃用户（Activation）、提高留存（Retention）、获取收益（Revenue）、推荐传播（Referral），如图2-25所示。

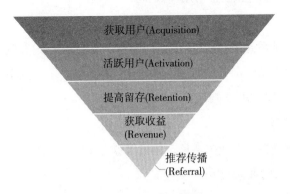

图2-25　AARRR模型

根据AARRR模型可以将新媒体数据指标分为5类，分别是拉新指标、活跃指标、留存指标、转化指标和传播指标，如图2-26所示。

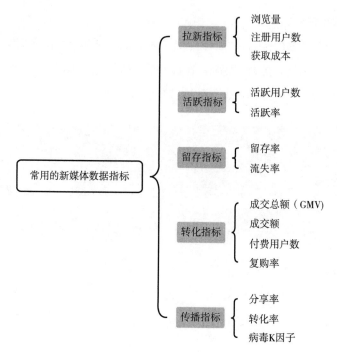

图2-26 常用的新媒体数据指标

2.2.1 拉新指标

在拉新环节,通常新媒体运营人员会为潜在用户提供一些体验产品或项目,如果潜在用户体验后感觉还不错,就会注册成为正式用户。在评估拉新效果时,常用的数据指标有浏览量、注册用户数和获取成本。

1. 浏览量

浏览量也就是曝光量,是指产品或内容被多少潜在用户看到。与浏览量紧密相关的指标是点击量,浏览量与点击量的比值称为点击率,点击率通常是很多新媒体运营人员用于评估广告质量的关键指标。

2. 注册用户数

当潜在用户进行注册或关注后,就可以被定义为正式用户了。注册用户数是用于衡量拉新结果的数据指标。

3. 获取成本

获取新用户往往是需要投入一定成本的,常见的新媒体成本指标包括千次曝光成本(CPM)、单次点击成本(CPC)及单次获客成本(CPA)。

2.2.2 活跃指标

用户注册或关注账号后，会表现出活跃或不活跃等不同的状态。表现活跃的用户（即活跃用户）能为新媒体运营带来巨大的收益，也是新媒体运营人员需要重点维护的用户。

1. 活跃用户数

活跃用户数通常是指日活跃用户数（DAU），即24小时内活跃用户的总数，该指标可以直接反映产品或账号的实际运营情况。

 在微信公众号中有一个与活跃用户数类似的指标，即常读用户数。

2. 活跃率

活跃率 = 活跃用户数 ÷ 注册用户数 ×100%，该指标主要用于衡量新媒体账号的健康程度。假设某微信公众号有20万粉丝关注，但常读用户数只占1%，则说明该公众号的运营状况非常糟糕。

2.2.3 留存指标

用户注册或关注账号后，除了表现出活跃或不活跃等状态，还有一部分用户会直接流失，也就是有些用户在注册或关注账号后，过了一段时间又注销或取消关注账号。面对这些有可能流失的用户，运营人员需要采取一些措施将这些用户留住，促使他们继续使用产品或关注账号。

1. 留存率

留存用户是指在某段时间注册或关注账号，经过一段时间后仍然保留账号或关注账号的用户。留存率 = 留存用户数 ÷ 当初的用户数 ×100%。例如，某直播账号在一场直播活动中新增关注1000人，一周后仍有500人继续关注该直播账号，则用户的留存率为50%。留存率一般可以分为次日留存率、7日留存率和30日留存率。

2. 流失率

流失率与留存率的概念正好相反，如果某一账号的用户留存率为70%，那么说明该账号有30%的用户流失了。通过流失率，运营人员可以从一定程度上预测产品或账号的发展情况。例如，某新媒体账号当前有10万个用户关注，月流失率为10%，在没有新关注用户的情况下，该账号10个月后就会失去所有的用户。

2.2.4 转化指标

新媒体运营的最终目的是盈利,因此,衡量有多少用户实现了最终的销售转化,就显得尤为重要。对于不同类型的产品或账号来说,其用户的转化指标是不同的。以最常见的交易类产品为例,转化指标主要包括成交总额(GMV)、成交额、付费用户数和复购率。

1. 成交总额(GMV)

成交总额(GMV)多用于电商行业,一般是指一段时间内用户的成交总金额。成交总额实际上就是用户拍下订单的总金额,就包含支付订单金额,也包含未支付订单金额。

2. 成交额

成交额是指用户实际付款金额,即用户购买产品后的实际消费金额,该指标能够比较真实地反映产品的交易情况。

3. 付费用户数

产生过购买行为的用户均称为付费用户。通过付费用户数与注册用户数之间的比例,可以衡量出用户付费潜力,比例越高,说明用户的付费潜力越大。

4. 复购率

复购率是指用户的重复购买率,其计算公式为:复购率 = 消费两次以上(包含两次)的用户数 ÷ 付费用户总数 × 100%。该指标可以衡量付费用户对产品的满意度,复购率越高,用户对产品的满意度越高,反之则越低。

2.2.5 传播指标

很多新媒体平台都会设置分享功能,不少内容创作者也会鼓励用户多分享内容、传播内容,甚至有很多商家凭借老用户的传播,来有效降低获客成本。在新媒体运营中,传播指标主要包括分享率、转化率和病毒 K 因子。

1. 分享率

分享率表示现有用户中有多少用户进行了内容分享。在新媒体数据分析中,通常按单篇内容来计算分享率,即点击分享按钮的用户数占阅读用户数的比例。

2. 转化率

新媒体内容在传播时的转化率是指内容在被分享后有多少分享量被转化成了新用户。例如,某微博账号发布了一条微博,该条微博的转发量(即分享量)为

1000次，一天之内该微博账号粉丝人数增长了300个，那么该条微博的转化率即为30%。

3. 病毒K因子

病毒K因子又称为病毒系数，是病毒式传播概念中的一个核心指标，该指标主要用于衡量现有用户能够为产品获取的新用户，简单来说，就是检验一个老用户可以带来多少新用户。病毒K因子的计算公式如下：

K=（分享量÷现有用户数）×（新用户数÷分享量）=分享率×转化率。

当病毒K因子>1时，平均每个老用户至少能为企业带来1个新用户。病毒K因子越大，用户量越容易越变越大，最终达成自传播，这就是所谓的病毒营销。

课堂实训——搭建新媒体数据指标体系

在进行新媒体数据分析时，数据分析人员不需要掌握复杂的算法，但需要了解新媒体运营的相关业务流程，具备用数据解决问题的思维。用数据分析解决业务问题通常需要先搭建数据指标体系，然后对相关运营数据进行监控，发现数据异常后，针对具体问题进行分析，最终解决问题。

搭建新媒体数据指标体系的第一步是梳理新媒体运营的相关业务流程。数据分析人员首先需要明确当前新媒体运营工作中的核心指标是什么。例如，微信公众号的运营工作中，核心指标有平均阅读量、粉丝量等。在明确了核心指标后，就可以进一步拆解影响核心指标的关键指标有哪些，并把它们之间的关系呈现出来。

下面以今日头条的文章阅读量数据指标为例，梳理数据指标体系，如图2-27所示。

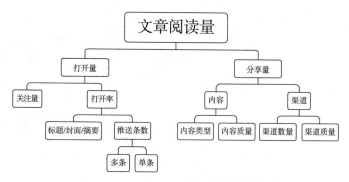

图2-27 今日头条的文章阅读量数据指标体系

搭建好新媒体数据指标体系后,就可以为关键指标设定监控机制,如某今日头条账号的平均阅读量是10000次,如果某日文章的阅读量低于6000次,则可以作为数据异常情况处理,对具体问题进行具体分析。

课堂小结

本章主要讲解了新媒体运营数据的4大类型和常用的5类新媒体数据指标。通过对本章的学习,读者可以对各类新媒体数据指标有一个全面的认识,从而更好地搭建新媒体数据指标体系,做好数据监控工作,及时发现数据异常问题。

课后作业

1. 某直播账号的粉丝数为82490人,在直播间购买商品两次及以上的粉丝有15378人,请根据复购率公式计算该直播账号的复购率是多少。

2. 选择一类微信公众号对其竞品数据进行分析,根据竞品数据的分析结果,制订自己的公众号的运营策略,包括推送次数、推送时间、推送内容等,并给予相应说明。

第3章 新媒体数据的采集

本章导读

数据分析归根结底就是对各种数据源进行分析,因此,要想做好新媒体数据分析工作,首先需要获取各种与新媒体运营相关的数据源。面对海量的新媒体数据,要想获取精准的数据源,就必须掌握一定的数据采集方法和技巧。本章将讲解新媒体数据采集的基础知识及新媒体数据的获取渠道。

本章学习要点

- 熟悉新媒体数据的类别和来源
- 熟悉新媒体数据的获取渠道

3.1 新媒体数据的采集基础

新媒体数据采集是指从新媒体环境中获取所需数据。在新媒体环境中,用户的每一次选择、每一个点击、每一条评论、每一次转发都会被转化为数据并记录在网络上。因此,要掌握新媒体数据的采集方法,首先需要了解新媒体数据的类别和新媒体数据的来源。

3.1.1 新媒体数据的类别

在新媒体运营过程中会产生大量数据,但不同平台、不同形式的数据,其分析方式或统计方法都会有所不同。因此,在采集新媒体数据之前,必须先掌握新媒体数据的类别及常见的新媒体数据形式,然后才能更有针对性地采集新媒体数据。新媒体数据的类别主要有两种,一种是数值型数据,另一种是图文型数据。

1. 数值型数据

数值型数据主要是由数字组成的数据。数值型新媒体数据主要用于对数字进行统计和分析,以总结并评估营销效果。常见的数值型新媒体数据包括阅读数据、粉丝数据、网店销售数据、网站浏览数据、活动参与数据等。例如,某短视频账号的粉丝性别和年龄统计数据就属于数值型数据,如图3-1所示。

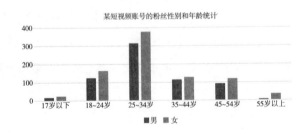

图3-1 某短视频账号的粉丝性别和年龄统计数据

2. 图文型数据

图文型数据主要是由图片和文字等形式组成的数据。图文型新媒体数据可以通过问卷调查、结构化比较、分析汇总等方式获取,这类数据的分析目的并不是评估量化的数据结构,而是帮助新媒体运营者找到运营的方向。

常见的图文型新媒体数据包括网站栏目分类、账号粉丝分类、微信公众号自定义菜单归类、消费者反馈、多平台矩阵分布等。例如，某新媒体企业的官方网站栏目分类就属于图文型数据，如图3-2所示。

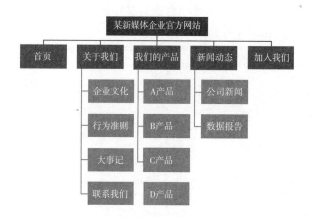

图3-2　某新媒体企业的官方网站栏目分类

3.1.2　新媒体数据的来源

目前常见的新媒体平台包括微信、微博、今日头条、网站等。新媒体数据主要来源于这些平台，下面简单介绍使用频率较高的微信数据、微博数据、今日头条数据和网站数据。

1. 微信数据

微信平台包括微信个人号和微信公众号，微信数据主要来源于微信朋友圈数据和微信公众号数据。

（1）微信朋友圈数据

一般用微信个人号作为主要推广平台的新媒体团队，常以"社群运营+朋友圈运营"的方式进行品牌宣传或产品推广。因此，在分析微信朋友圈数据时，可以针对好友增长数量、朋友圈点赞数量、朋友圈购买数量、导购文案转化率等指标进行重点分析。例如，某微信个人号发布了一条"点赞领福利"的朋友圈，活动结束后需要对朋友圈的点赞数量进行统计，以评估活动效果并为参与活动的用户赠送福利，如图3-3所示。

（2）微信公众号数据

对于微信公众号的运营来说，分析微信公众号数据非常重要。通过分析微信公众号的阅读数据，运营者可以获得粉丝的阅读喜好情况；通过分析公众号后台粉丝数量的增减，运营者可以评估推广的效果。微信公众号数据包括新增关注数、取消关注数、新增用户来源、单篇图文阅读量、全部图文阅读量、微信菜单点击数等。数据分析人员可以通过微信公众号后台查看这些数据，某微信公众号近一个月的图文阅读数据趋势图如图3-4所示。

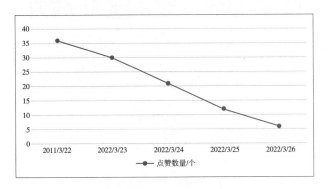

图3-3　某微信个人号朋友圈点赞数量统计

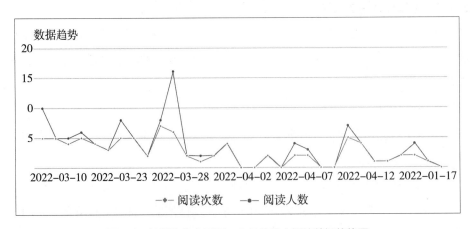

图3-4　某微信公众号近一个月的图文阅读数据趋势图

2. 微博数据

常用的微博数据包括阅读数、主页浏览量、视频播放量、粉丝来源、新增粉丝数、取消关注粉丝数等。无论是企业账号，还是个人账号，都可以通过微博后台查询相关的微博数据。登录微博网页版，在账号主页中单击"我的管理中心"按钮，进入微博管理中心，然后选择"数据服务"选项，单击页面右上角的"数据助手"按钮，即可查看该账号的微博数据，如图3-5所示。

图3-5 微博后台的数据助手页面

3. 今日头条数据

作为新兴的内容平台,今日头条后台的数据统计功能也是十分强大的,数据分析人员可以通过今日头条后台,对账号的标题效果、内容、推荐、阅读、评论等数据进行系统的分析。某今日头条账号的后台主页数据如图 3-6 所示。

图3-6 某今日头条账号的后台主页数据

4. 网站数据

很多新媒体运营者除了利用微信、微博、今日头条等平台进行品牌推广和产品销售,还会利用品牌的官方网站进行品牌推广和产品销售。网站的运营几乎不会受到平台更新迭代的影响,因此,网站运营在新媒体运营中也发挥着非常重要的作用。网站数据通常包括访客数、跳出率、搜索来源、浏览量、访问深度等数据指标。数据分析人员可以通过百度统计、CNZZ、站长工具、Google Analytics 等数据分析工具获取网站数据。例如,利用百度统计查询某网站的基础数据,如图 3-7 所示。

图3-7 利用百度统计查询某网站的基础数据

3.2 新媒体数据的获取渠道

进行数据分析前,找到合适的数据源是一件非常重要的事。在大数据时代,数据随处可见,面对数量庞大的新媒体数据,仅仅依靠人工来采集数据显然是不可取的,数据分析人员需要借助一些新媒体数据采集工具来提升数据采集的效率。常见的新媒体数据获取渠道包括公开数据库、网络爬虫、网络指数、数据交易平台和网络信息采集器。

3.2.1 公开数据库

公开数据库是指一些由政府或企业提供的公开信息资源库。这些数据库中的数据往往与该数据库的主办单位相关。例如,中国人民银行数据库,其内容主要包括社会融资规模、金融统计数据、货币统计、金融机构信贷收支统计、金融市场统计、企业商品价格指数等。

利用公开数据库获取新媒体数据,其优点在于数据的准确度及质量较高,且采集数据较为方便;缺点在于数据范围小,自主定制程度低,往往不能精确地找到所需数据。

下面介绍几个常用的公开数据库。

1. 国家数据网站

国家数据网站由国家统计局管理并运营,提供月度数据、季度数据、年度数据、地区数据、普查数据、国际数据 6 类统计数据。国家数据网站还提供我国部分政府部门网站统计数据栏目的链接,通过国家数据网站可以查看各部门主要统计数据情况。另外,新版的统计数据库支持按照个人需求制作个性化统计图表,提供可视化产品，让用户在浏览数据的同时，更加直观地观察数据变化。国家数据网站的首页如图3-8所示。

图3-8　国家数据网站首页

2. 搜数网

搜数网是一个专门面向统计和调查数据的专业数据垂直搜索网站，也是一个集统计数据查询、数据挖掘分析及统计数据图形展示功能于一体的大型统计年鉴资料数据总库。搜数网的数据收录种类齐全，包括统计摘编、统计汇编、系列报导、年报、统计数典、统计资料、统计概要、抽样调查资料、普查资料、发展报告等。搜数网的检索界面简洁易懂，同时还为用户提供了多样化的检索功能，增强了用户检索数据的全面性和准确性，方便用户及时查找数据。搜数网的首页如图3-9所示。

图3-9　搜数网首页

3. 中国统计信息网

中国统计信息网是国家统计局的官方网站，汇集了海量的全国各级政府各年度的国民经济和社会发展统计信息，建立了以统计公报为主，统计年鉴、阶段发展数据、统计分析、经济新闻、主要统计指标排行等为辅的多元化统计信息资料库。中国统计信息网通过专业的索引页面，帮助使用者在最短的时间内找到自己需要的资料，大大减少了数据需求者查询数据消耗的时间。中国统计信息网的首页如图3-10所示。

图3-10　中国统计信息网首页

3.2.2　网络爬虫

网络爬虫又称为网络蜘蛛，是网络数据采集和检索的重要工具，可以代替人工自动地在互联网中进行数据采集和整理。网络爬虫可以通过编程的手段完成对目标网页的信息解析，从而高效、快速地完成数据的采集工作。我们熟知的Java、C++、Python、R语言等都可以用于编写网络爬虫代码。

网络爬虫的工作机制其实并不复杂，首先发送请求给互联网特定站点，在建立连接后与该站点进行交互，获取HTML格式的信息；随后转移到下一个站点，并重复以上流程。通过这种自动化的工作机制，网络爬虫就可以将目标数据保存在本地数据库中供用户使用。

网络爬虫通常分为3个部分，分别是数据采集（网页下载）、数据处理（网页解析）和数据存储（将有用的信息持久化），其基本工作流程如图3-11所示。

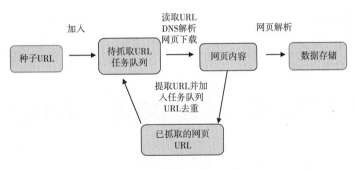

图3-11　网络爬虫的基本工作流程

- 第1步：选取一部分精心挑选的种子URL。
- 第2步：将这些URL放入待抓取URL任务队列。
- 第3步：从待抓取URL任务队列中读取待抓取队列的URL，解析DNS，获取对应的网页内容，并将URL对应的网页内容下载下来，存储到已下载网页数据库中。
- 第4步：返回第2步，将网页内容中的URL放入已抓取URL任务队列，解析已抓取URL任务队列中的URL，从已下载的网页数据中解析出其他URL，并和已抓取的URL进行比较去重，最后将去重过的URL放入待抓取URL任务队列，从而进入下一个循环，直至URL任务队列为空。

 提示　URL（Uniform Resource Locator，统一资源定位系统）是因特网的万维网（World Wide Web，WWW或Web）服务程序上用于指定信息位置的表示方法。URL是WWW的统一资源定位标志，简单来说，URL就是网络地址。

网络爬虫其实是一种自由度很高的数据采集工具，用户可以通过网络爬虫对数据的格式、内容等各方面进行定制和约束。但网络爬虫的缺点也十分明显，即对使用者的要求较高，用户需要具备一定的编程和数据库相关的知识基础。

3.2.3　网络指数

目前有很多新媒体平台或新媒体企业的网站还不具备自动统计分析数据的功能，无法直接获取数据，因此，数据分析人员需要借助第三方数据分析工具来获取数据。获取网络指数的常用平台包括百度指数、微指数等。

1. 百度指数

百度指数是由百度官方通过统计海量搜索关键词并进行基本的整理后，将数据结果进行分享的平台，如图3-12所示。

图3-12　百度指数的搜索结果页面

通过百度指数，数据分析人员可以了解特定关键词的搜索量和搜索趋势，了解当前有哪些热搜词汇，从而找到网络用户的关注热点。此外，百度指数还提供需求图谱、人群画像等精准分析的功能模块，可以有效地帮助新媒体运营者进行调研、策划等运营工作。

2. 微指数

微指数是新浪微博推出的一款数据分析工具，通过关键词的热议度，以及行业/类别的平均影响力，反映微博舆情或账号的发展走势。微指数是对关键词的提及量、阅读量、互动量加权得出的综合指数，可以更加全面地体现关键词在微博上的热度情况。同时，微指数可以对微博数据进行实时监测，及时捕捉当前社会热点事件、热点话题等，快速响应舆论走向，为政府、企业、个人和机构的舆情研究提供重要的数据服务支持。微指数分为热词指数和影响力指数两大模块，此外，在微指数中还可以查看热议人群及各类账号的地域分布情况。微指数移动版如图3-13所示。

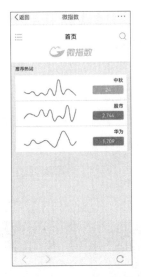
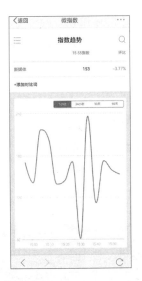

图3-13 微指数移动版

3.2.4 数据交易平台

现在很多行业都需要进行数据分析，对数据的需求量很大，因此催生出了很多专门进行数据交易的平台，如优易数据、数据堂等。这些数据交易平台既提供免费数据，也提供付费数据。

1. 优易数据

优易数据是国内领先的数据交易平台，由国家信息中心成立，拥有大数据、人工智能、区块链、物联网等新一代信息技术，专注于大数据基础软件产品研发与技术服务优化，面向政府现代化治理、城市指挥运行和企业数字化转型，提供基于数据操作系统（DataOS）的一站式领域解决方案和数字化在线服务。优易数据的首页如图3-14所示。

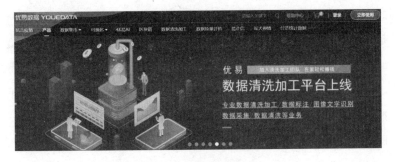

图3-14 优易数据首页

优易数据拥有B2B和B2C两种交易模式，包含政务、社会、社交、教育、消费、交通、能源、金融、健康等多个领域的数据资源。

2. 数据堂

数据堂是一个专注于人工智能（AI）数据服务的互联网综合数据交易平台，为客户提供智能驾驶、游戏与娱乐、智能家居、新零售等人工智能数据定制服务及解决方案，同时还提供数据采集、数据标注等个性化数据定制服务，以帮助客户降低数据处理成本，提升人工智能模型性能。数据堂的首页如图3-15所示。

图3-15　数据堂首页

数据堂拥有非常丰富的自有版权数据集，包含语音识别、医疗健康、交通地理、电子商务、社交网络、图像识别等方面的数据，适用于各种常见的人工智能应用场景。

3.2.5　网络信息采集器

网络信息采集器被很多用户作为初级的数据采集工具使用，因为它不需要太高的技术成本，仅通过软件的形式就可以轻松实现网络数据的采集。在网络信息采集器中，数据分析人员只需设置一些网页的基本信息，设计出数据爬取的工作流程，定制好需要采集的数据，就可以自动采集所需数据了。

例如，"八爪鱼"采集器就是一款使用率很高的网络信息采集器。"八爪鱼"采集器是一款专业数据采集软件，能够实时采集全行业、全场景、全类型的互联网数据。"八爪鱼"采集器操作简便、采集速度快、采集结果精准，支持简易采集和自定义采集。下面以简易采集（即模板采集）为例，展示利用"八爪鱼"采集器采集百度资讯–百家号搜索数据的具体操作。

（1）打开"八爪鱼"数据采集软件，在首页中选择需要采集数据的平台，这里选择"百度"平台，如图3-16所示。

第 3 章　新媒体数据的采集　053

图3-16　"八爪鱼"数据采集软件首页

（2）选择合适的采集模板，这里选择"百度资讯–百家号搜索采集"模板，如图 3-17 所示。

图3-17　选择合适的采集模板

（3）打开"百度资讯–百家号搜索采集"模板，该页面中对模板进行了详细介绍，并展示了采集字段预览、采集参数预览、示例数据等信息。在大致了解该模板信息及采集要求后，单击"立即使用"按钮即可开始使用该模板，如图 3-18 所示。

图3-18 单击"立即使用"按钮

（4）进入新页面，设置基本信息和配置参数，设置完成后单击"保存并启动"按钮，如图3-19所示。

图3-19 设置采集数据的基本信息和配置参数

（5）弹出"请选择采集模式"对话框，选择"本地采集"并单击"立即启动"按钮，如图3-20所示。

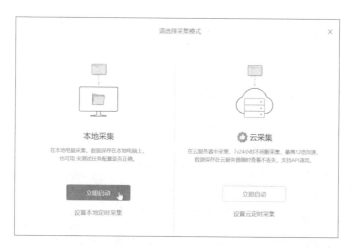

图3-20 选择采集模式

(6)软件开始自动采集数据,采集完成后,会弹出"采集完成"对话框,显示采集信息的时间和数据量,单击对话框中的"导出数据"按钮,如图3-21所示。

图3-21 导出采集数据

(7)弹出"导出本地数据"对话框,选择导出方式,这里将数据导出到Excel表格中,单击"确定"按钮,即可将采集的数据以Excel表格的形式存储在指定的文件夹中,如图3-22所示。

图3-22 选择导出方式

(8)导出数据完成后,可以直接打开Excel表格查看采集到的数据,如图3-23所示。

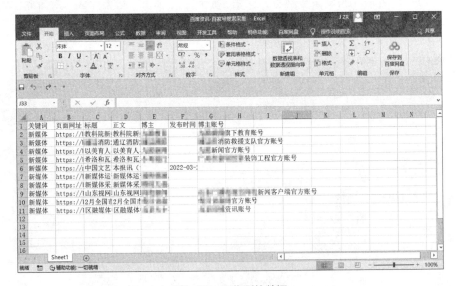

图3-23 采集到的数据

> 网络信息采集器虽然具有使用简单、便捷等优点,但无论是处理复杂数据的能力,还是数据的定制自由度,均弱于网络爬虫。如果是要采集少量简单的数据,可以选择网络信息采集器;如果是要采集大量复杂的数据,建议还是使用网络爬虫完成。

课堂实训——通过百度指数获取关键词相关数据

百度指数主要是以百度用户的行为数据为基础的数据分析平台，它可以针对用户搜索的关键词进行专业的数据分析，是新媒体运营者进行营销决策的重要依据。百度指数包括趋势研究、需求图谱和人群画像3个重要模块。

1. 趋势研究

百度指数的"趋势研究"模块主要展示关键词的搜索指数、搜索指数概览，以及资讯指数和资讯指数概览。例如，搜索关键词"电商"，查看该关键词近30天的整体搜索趋势（即PC端搜索趋势＋移动端搜索趋势），如图3-24所示。

图3-24 "电商"关键词的搜索趋势

搜索指数展示的是互联网用户对关键词搜索关注程度及持续变化情况，从关键词"电商"的搜索趋势图中可以看到，7月4日用户对"电商"关键词的关注度最高，7月3日、7月10日、7月23日、7月24日的关注度相对较低。

单击搜索趋势图中的A点或B点，在弹出的对话框中可以看到近30天中与搜索关键词相关的热点话题，如图3-25所示。

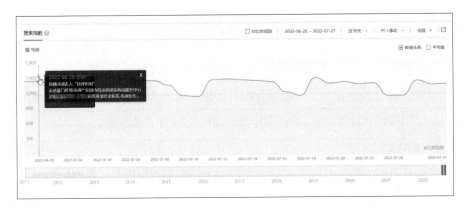

图3-25 与搜索关键词相关的热点话题

搜索指数概览展示的是关键词在所选时间段中的总体搜索指数表现,如日平均值及其同比、环比变化趋势等。

下拉页面即可看到资讯指数趋势图和资讯指数概览,如图 3-26 所示。资讯指数展示的是新闻资讯在互联网上对特定关键词的关注及报道程度的持续变化情况。资讯指数趋势图中的峰值体现了该关键词在新闻资讯中出现的高频率,也代表着市场对该关键词具有较高的关注度。

图3-26 资讯指数趋势图和资讯指数概览

2. 需求图谱

百度指数的"需求图谱"模块主要是根据关键词检索相关词,并展示相关词的搜索趋势和搜索热度等信息,以帮助数据分析人员挖掘出特定关键词背后隐藏的关注焦点和消费需求。在百度指数中将页面切换到"需求图谱"模块中，即可查看近7天的相关词，如图3-27所示。从图中可以看到，与"电商"关键词相关性较强的词有"电商是做什么的""电商运营"等。

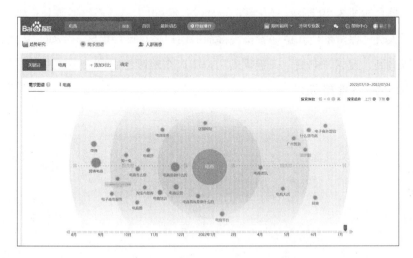

图3-27　百度指数的"需求图谱"模块

"需求图谱"模块能够显示百度用户对搜索关键词的形象认知分布，使数据分析人员可以了解到用户在使用百度搜索的过程中经常把哪些词与该关键词联系起来，从而为新媒体数据分析提供更为直观的数据依据。

下拉页面还可以看到相关词热度排名，包括相关词的搜索热度排名和搜索变化率排名，如图3-28所示。相关词热度可以通过百度用户的搜索行为，从关键词的相关需求中挖掘出最热门的相关词和上升速度最快的相关词。

图3-28　搜索关键词的相关词热度分析

3. 人群画像

百度指数的"人群画像"模块主要展示某一时间段内，关键词搜索人群的地域分布、年龄分布、性别分布及兴趣分布等信息。搜索关键词近 30 天的地域分布情况及排名如图 3-29 所示，包括省份、区域和城市排名。通过地域分布数据，数据分析人员可以清楚地知道搜索该关键词的用户来自哪些地区。例如，从图 3-29 中可以看到，搜索"电商"关键词的用户中广东地区的用户最多，说明广东的用户对电商的关注度较高。

图3-29 搜索关键词的地域分布情况

下拉页面，可以查看搜索人群的人群属性，包括搜索人群的年龄分布和性别分布情况。如图 3-30 所示，可以看到搜索"电商"关键词的用户的年龄主要集中在 20~29 岁和 30~39 岁这两个年龄段，男性用户占比略高于女性用户。

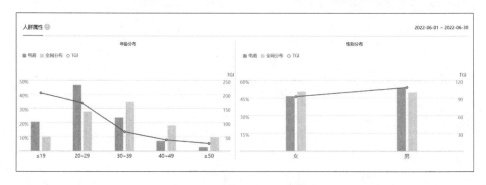

图3-30 搜索人群的人群属性

继续下拉页面，还可以查看搜索人群的兴趣分布情况，如图 3-31 所示。"人群画像"模块中的"兴趣分布"基于百度搜索用户行为数据及画像库,展示搜索关键词的人群的兴趣分布情况及相对全网平均表现的强弱程度。

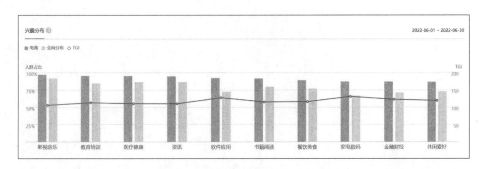

图3-31 搜索人群的兴趣分布情况

课堂小结

本章详细介绍了新媒体数据采集的相关知识,包括新媒体数据的类别、新媒体数据的来源及新媒体数据的获取渠道。通过对本章的学习,读者可以了解新媒体数据采集的基础知识及获取新媒体数据的相关渠道,并掌握这些数据获取渠道的数据采集方法,从而高效、准确地采集新媒体数据分析所需的各项数据。

课后作业

1. 公开数据库的优点、缺点分别是什么?
2. 利用"八爪鱼"数据采集软件采集京东平台上某商品的搜索数据。

第 4 章 新媒体数据处理

本章导读

数据处理是指对采集到的数据进行清洗、加工、整理等方面的工作，为后续具体的数据分析做准备。通常各大网站的后台都只提供数据查阅功能，无法对数据进行二次加工，因此，数据分析人员需要通过专门的数据处理软件对待分析的数据进行加工、处理，以使这些数据能够满足新媒体数据分析的要求。本章将讲解新媒体数据处理的基本流程，并为大家介绍 Excel 的数据分析相关功能，以及如何使用 Excel 对数据进行清洗、加工和整理。

本章学习要点

- 掌握新媒体数据处理的基本流程
- 掌握 Excel 的数据处理方法和技巧

4.1 新媒体数据处理的基本流程

为了使待分析的数据能够满足新媒体数据分析的要求,在进行具体的数据分析之前,数据分析人员需要理解原始数据,并对原始数据进行清洗、集成、转换和规约等一系列数据处理工作。新媒体数据处理的基本流程主要包括数据清洗、数据集成、数据转换和数据规约,如图4-1所示。

图4-1 新媒体数据处理的基本流程

1. 数据清洗

数据清洗是新媒体数据处理过程中非常重要的一个环节。从各个渠道收集到的数据,不仅杂乱无章,还体量庞大,其中难免会包含一些没有价值和错误的数据。数据清洗的目的正是将多余的、错误的数据清洗出去,留下有价值的数据,供数据分析人员进行后续的数据分析。针对不同的数据异常问题有不同的数据清洗方法,包括对缺失数据的处理方法、对相似(重复)数据的处理方法、对异常数据的处理方法、对逻辑错误数据的处理方法等,如表4-1所示。

表4-1 常见的数据异常问题和相应的数据清洗方法

数据异常问题	具体情况	数据清洗方法
缺失数据	缺失数据较少或缺失数据对新媒体分析影响较小	直接删除缺失的数据
	一些不重要的缺失数据或能够轻易推断出数据内容的缺失数据	人工填充缺失的数据
	数据规模大、缺失数据多	(1)利用数据统计规律对缺失部分进行填充,常用的填充值包括均值、众数、极值等; (2)基于各种数据分析模型对要填充的数据内容进行预测
相似(重复)数据	对数据进行集成或合并时,多个记录代表同一数据	删除其中一项相似(重复)数据或加权合并数据

续表

数据异常问题	具体情况	数据清洗方法
异常数据	不符合数据规律的数据（主要由数据采集时的失误或其他不可控因素造成）	一般直接删除异常数据
逻辑错误数据	数据属性值与实际情况不符或数据违背了数据采集阶段设置的规范和标准	一般直接删除逻辑错误数据

> **知识拓展**
>
> **相似（重复）数据、异常数据和逻辑错误数据的检验方法**
>
> 相似（重复）数据的检验方法主要包括相关系数检验、Cosine相似度函数算法等。
>
> 异常数据和逻辑错误数据的检验方法有两种，一种是基于统计量的检验方法，如图基检验；另一种是基于聚类的检验方法，如基于距离的聚类将远离正常样本的数据判定为异常样本，基于密度的聚类将密度稀疏的样本判定为异常样本。

2. 数据集成

数据集成是指将多个数据源的数据进行集成，从而形成集中、统一的数据库。数据集成有利于减少数据冗余和不一致的问题，提高数据的一致性和可用性，使分析数据更加完整、安全。数据集成中出现的数据问题主要包括实体识别问题、冗余问题、记录重复问题和数据值冲突的检测与处理问题，对于这些数据问题有相应的技术处理方法，如表4-2所示。

表4-2 数据集成中出现的数据问题及相应的技术处理方法

数据问题	具体情况	技术处理方法
实体识别问题	来自多个数据源的实体不匹配，如一个数据库中的ID表示订单编码，另一个数据库中的ID表示商品编码	（1）通过逐一对比实体来判断两个或多个实体之间的关系，再利用匹配结果的消解方法得到实体识别问题的结果； （2）利用统计结果直接求解实体识别结果

续表

数据问题	具体情况	技术处理方法
冗余问题	（1）某个数据多次出现，但数据的命名不一致；（2）一个数据能由另一个数据或一组数据推导得出	先通过下面两种检测方法进行检测，然后删除：（1）对于类别型的属性数据，可使用卡方检验；（2）对于数值型的属性数据，可使用相关系数和协方差进行评估和判断
记录重复问题	（1）记录完全重复；（2）客观上为同一实体，但格式和拼写存在差异	（1）对数据库中的数据记录进行排序，通过比较邻近记录的情况来检测数据问题，然后删除记录重复的数据；（2）通过聚类算法和比较算法检测数据记录，然后删除记录重复的数据
数据值冲突的检测与处理问题	同一实体在不同的数据源中，数据属性值的表示、比例、编码或数据类型等存在差异。如商品重量在一个数据库中的单位为千克，在另一个数据库中的单位为克	（1）使用元数据（描述数据性质的数据）对每个属性数据的定义、数据类型等进行描述；（2）使用基本统计描述方法，对数据趋势和离群值进行识别

3. 数据转换

为了方便后续的新媒体数据建模与分析，在数据处理过程中数据分析人员需要对数据的属性、分布特征、离散特征等进行转换。数据转换就是将数据或信息从一种格式转换为另一种格式，通常是从源系统的格式转换为新目标系统所需的格式，通过数据转换可以实现数据统一，从而提高数据的一致性和可用性。数据转换的主要内容包括属性类型转换（属性转换）、构造新属性、数据离散化和数据标准化。数据转换类型及主要应用场景和技术处理方法如表4-3所示。

表4-3 数据转换类型及主要应用场景和技术处理方法

数据转换类型	主要应用场景	技术处理方法
属性类型转换（属性转换）	某个属性的取值差异较小	对该属性的数据进行频率分析，将其中的字符型数据转换为枚举型数据
	某个属性数值符合特别的数学假设	对数转换、平方根转换、指数转换

续表

数据转换类型	主要应用场景	技术处理方法
构造新属性	为了满足新媒体数据分析需求，基于已有属性人工设置新属性	基于已有属性进行变量计算
数据离散化	基于离散型数据进行数据转换，使转换后的数据更容易理解，提高模型对样本的分类能力和聚类能力	（1）等宽划分：将属性值按照等间隔的区间进行划分； （2）等频次划分：划分时保证每个划分区间具有相同数量的属性值； （3）聚类划分：给定区间数量，按照特别准则（如方差）来决定各区间的属性值
数据标准化	消除不同属性值取值范围不同带来的数值差异	（1）最值标准化法：将变量的值映射到一个特定的区间[0,1]； （2）z-score标准化法：将变量的值映射为一个均值为0，方差为1的变量

4. 数据规约

如果数据量过大，数据分析就会比较困难。数据规约在不损害分析结果准确性的前提下，对数据进行"缩小"处理，从而提高数据的可操作性。数据规约主要包括数值规约、属性规约和属性子集选择，这3种数据规约类型的主要应用场景和技术处理方法如表4-4所示。

表4-4 数据规约类型及主要应用场景和技术处理方法

数据规约类型	主要应用场景	技术处理方法	
数值规约	需要使用较小的数据集来代替原有的数据集	有参数	使用一个模型（如回归模型）来模拟数据，只需存放参数即可
		无参数	（1）数据离散化处理； （2）聚类； （3）抽样
属性规约	减少需要考虑的随机变量或属性个数	（1）小波变换：通过数据转换达到压缩数据的目的； （2）主成分分析：通过寻找数据集的主成分，使得原有数据集被投影到一个较小的数据空间中，从而达到降维的目的	

续表

数据规约类型	主要应用场景	技术处理方法
属性子集选择	同“属性规约”	（1）向前选择法：首先选择一个空集合作为后续分析属性的集合，在全部数据中依次选择最优属性集合加入空集合，经过多次迭代，完成属性子集的选择；（2）向后选择法：首先将全部属性作为后续分析属性的集合，然后依次删除最差的属性，经过多次迭代，完成属性子集的选择

4.2　使用Excel对数据进行清洗、加工和整理

在众多数据分析工具中，最常用、最方便的数据分析工具非 Excel 莫属。Excel 的数据分析功能十分强大，不仅有简单的数据处理功能，还有专业的数据分析工具库，包括相关系数分析、描述统计分析等。

知道 Excel 的人很多，能熟练运用 Excel 进行数据分析的人却很少。下面将深度剖析 Excel 的数据分析相关功能，讲解如何利用 Excel 建立数据表，并对数据进行清洗、加工和整理。

4.2.1　建立数据表

为了方便后期数据分析工作的开展，数据分析人员需要在 Excel 中建立数据表，将数据输入表格中。下面简单介绍建立 Excel 数据表的基础操作。

1. 给数据“取名”

建立数据表的第一步就是为数据命名，在 Excel 数据表中数据的名称称为字段，如图 4–2 所示。字段是后期进行数据分析和计算的依据，如果数据的命名不规范，可能会使后续的数据分析出现差错和纰漏。

	A	B	C	D
1	日期	推广费用/元	商品销量/件	
2	2021年1月	8500	10625	
3	2021年2月	8000	8392	
4	2021年3月	8500	10573	
5	2021年4月	7300	9127	
6	2021年5月	8690	9690	
7	2021年6月	8387	11387	
8	2021年7月	8844	8844	
9	2021年8月	9829	10821	
10	2021年9月	8588	9127	
11	2021年10月	8697	10697	
12	2021年11月	12000	13999	
13	2021年12月	8895	101810	
14				

图4–2　数据表中的数据名称

数据命名有 3 个要点，如图 4–3 所示。完成数据的命名后，只需在数据名称下方单元格内输入相关数据即可。

数据命名的3个要点

(1) 言简意赅；
(2) 添加规范的单位；
(3) 使用专业术语或通用书面语。

图4–3　数据命名的3个要点

2. 正确输入数据

一张完整的数据表是由字段和数据共同组成的，数据是后期进行数据分析的

基础，如果数据表中没有数据，该数据表就失去了价值和意义。因此，建立数据表必须输入相关的数据。

在数据表中输入数据的方法有很多，直接在设置好的数据名称下方单元格内输入相关数据是最常见的一种数据输入方法。

数据表有一维表和二维表两种形式，这两种形式的数据表记录的数据是一样的，只是记录方式不同。一维表只有一个维度，但可以记录多项数据，如图 4-4 所示，表格中的数据只有纵向维度，包括平台、月份和粉丝数。二维表拥有两个维度，如图 4-5 所示，既有纵向维度（平台），也有横向维度（粉丝数）。

	A	B	C	D
1	平台	月份	粉丝数/个	
2	微信	1月	1705	
3	微博	1月	1589	
4	抖音	1月	1955	
5	微信	2月	1699	
6	微博	2月	1607	
7	抖音	2月	2001	
8	微信	3月	1616	
9	微博	3月	1595	
10	抖音	3月	2295	
11				

图4-4　一维表

E	F	G	H	I
平台	1月（粉丝数/个）	2月（粉丝数/个）	3月（粉丝数/个）	
微信	1705	1699	1616	
微博	1589	1607	1595	
抖音	1955	2001	2295	

图4-5　二维表

与一维表相比，二维表有两个明显的缺点，一是不方便使用透视表功能；二是记录的数据项目有限，无法添加更多项目的数据。例如，想在图 4-4 所示的一维表中添加一列用于统计每月各平台的增长粉丝数的数据是非常容易的，但在图 4-5 所示的二维表中却无法添加。因此，我们通常用一维表的形式来输入数据。

3. 正确设置数据类型

在 Excel 数据表中输入数据后，还需要检查数据的类型。如果数据类型出现差错，后期的数据分析就有可能会出现失误。Excel 中常用的数据类型有 6 种，如表 4-5 所示。

表4-5　Excel中常用的数据类型

数据类型	说明
数值	适用于表示数字的数据，如“123”“111”等，该数据类型可以设置小数位数和使用千位分隔符
货币	适用于表示货币的数据，如“￥100”
日期	适用于表示日期的数据，有多种表示形式，如“2022年3月1日”“2022/3/1”

续表

数据类型	说明
时间	适用于表示时间的数据,有多种表示形式,如"18:00""6:00PM"
百分比	适用于表示百分比的数据,可以设置小数位数,如"30%""3.1%"
文本	适用于文本类的数据,如"白领""学生"

数据类型既可以在输入数据前进行设置,也可以在输入数据后进行设置。设置数据类型的方法有两种,一种是在菜单中直接设置数据类型;另一种是在"设置单元格格式"对话框中进行设置。

4. 格式化数据表

为了保证数据表的美观性,便于进行数据分析和浏览,在 Excel 数据表中输入数据并调整数据类型后,还需要调整表格的格式。好的数据表格式既要符合大多数人的审美,还要便于使用者阅读。经过调整的数据表格式示例如图 4-6 所示。

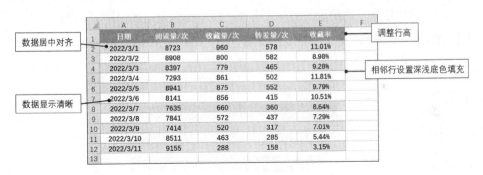

图4-6 经过调整的数据表格式示例

在调整数据表格式时,通常应遵循 4 个原则,如图 4-7 所示。

- 表格中数据的显示要清晰,字体的大小要适中,既不能太大也不能太小。字体颜色要与底色形成明显的对比,如白底黑字或黑底白字。
- 表格中的数据要对齐显示,不能同一列数据有的是左对齐,有的是右对齐。

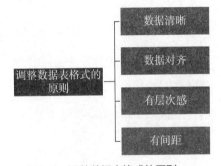

图4-7 调整数据表格式的原则

- 在表格中，为了区别不同行的数据，可以为相邻两行单元格设置深浅不一的底色填充，以增加表格的层次感。
- 表格中的数据不能挤在一起，需要有一定的间距，即设置合适的行高和列宽。

表格的颜色也应统一，不可选用太多的颜色，尽量选择同色系颜色或同一种颜色作为表格填充色。

4.2.2 数据清洗

数据处理的第一步就是数据清洗，利用 Excel 进行数据清洗，能够有效保证数据清洗的准确性。通过 Excel 可以检查数据格式，还可以进行数据去重、处理默认值、检查数据逻辑等数据清洗操作。

1. 检查数据格式

在 Excel 中单元格数据有数值、文本、日期、货币等多种格式。不同类型的数据对应不同的格式，如果数据的格式有误，将会影响数据表的使用。因此，进行数据清洗首先需要检查数据格式是否正确。

在检查数据格式时，应重点关注以下几个问题，如图 4-8 所示。

图4-8 检查数据格式时应重点关注的问题

检查数据格式的方法很简单，只需选中对应数据列，单击"开始"选项卡，然后在"数字"组中的选项框中即可查看数据列的格式。这里选中的数据列为"日期"列，"数字"组中的选项框中显示的格式也为"日期"，说明该数据列格式正确，无须更改，如图 4-9 所示。

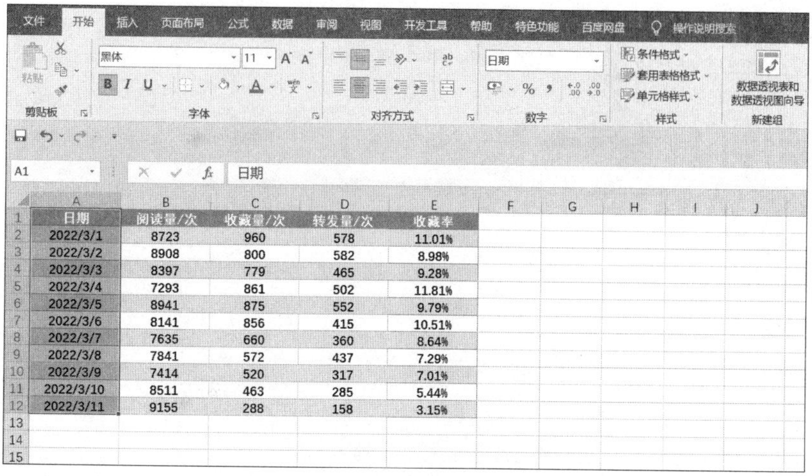

图4-9 检查数据格式

如果需要修改和调整数据格式，可以通过"设置单元格格式"对话框来完成。这里将图 4-9 中的日期格式由"2022/3/1"改为"2022 年 3 月 1 日"，具体操作步骤如下。

（1）选中"日期"列的数据，单击"开始"选项卡，接着单击"数字"组中的对话框启动器按钮，如图 4-10 所示。

图4-10 单击"数字"组中的对话框启动器按钮

（2）弹出"设置单元格格式"对话框，先在"数字"选项卡的"分类"列表框中确定数据格式为"日期"，然后在右侧的"类型"列表框中选择需要的数据格式，最后单击"确定"按钮即可，如图 4-11 所示。

图4-11 "设置单元格格式"对话框

2. 数据去重

有些数据表由于数据体量庞大，或者收集数据时不够仔细，可能会存在一些重复数据，这些重复数据往往会对后期的数据分析造成一定的困扰。因此，删除重复数据也是数据清洗过程中一项重要的任务。

Excel中提供了专门的数据去重功能，可以快速删除数据表中的重复项。下面以删除数据表中重复的商品数据为例，讲解通过"删除重复值"功能去重的具体操作步骤。

（1）在Excel数据表中，选中需要删除重复数据的商品数据区域，然后单击"数据"选项卡，接着单击"数据工具"组中的"删除重复值"按钮，如图4-12所示。

图4-12 单击"数据工具"组中的"删除重复值"按钮

（2）弹出"删除重复值"对话框，勾选有重复数据出现的列，这里勾选"商品编码"列（即列A）的复选框即可，然后取消勾选"数据包含标题"复选框，单击"确定"按钮，如图4-13所示。

图4-13 "删除重复值"对话框

 提示　删除重复值时，应选择有重复数据出现的列，且该列数据的重复不具备实质性的意义。例如，图4-12中"销售价格"列的数据和"库存"列的数据出现数据重复的情况很正常，这样的重复是有意义的，因此不能作为数据是否重复的判断标准。而"商品编码"列的数据代表了整体的商品数据，且具有唯一性，如果该列数据出现重复的情况，就是不正常的，所以这里选择删除重复值的数据列为"商品编码"列。

（3）弹出一个新的对话框，单击"确定"按钮，确定删除重复值，如图4-14所示。

（4）查看删除重复值后的效果，如图4-15所示。执行"删除重复值"命令后，表格中编码重复商品的所有数据（包括商品编码、销售价格、库存）均被删除了。

	A	B	C	D
1	商品编码	销售价格/元	库存/件	
2	586711177	88	344	
3	522624975	100	355	
4	642824745	128	176	
5	563372962	86	179	
6	587619321	99	133	
7	527071268	50	123	
8	610360269	69	125	
9	585101694	86	143	
10	634324252	59	239	
11				

图4-14 确定删除重复值　　　　图4-15 查看删除重复值后的效果

3. 处理默认值

在输入数据时，还有可能会出现数据默认的情况，默认的数据通常会以空白单元格的形式显示，如图4-16所示。在进行数据清洗时，除了检查数据格式，进行数据去重，还应该检查并处理默认数据，将默认数据对数据分析的影响降到最低。

在Excel中对默认值的处理方式与对重复值的处理方式有所不同，对于重复值直接删除即可，但默认值却不能直接删除。对于默认值通常有3种处理方式，如图4-17所示。

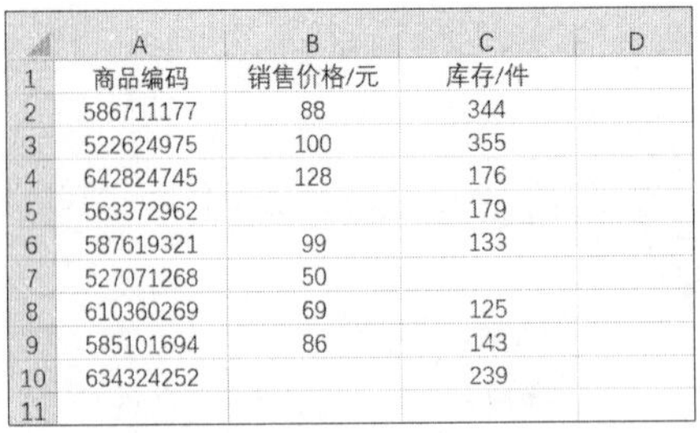

图4-16　含有默认值的数据表　　　图4-17　默认值的3种处理方式

替换默认值是最常用的一种默认值处理方式，通常是用平均值进行替换，如一组商品销售数据中存在默认值，可以用平均销量进行替换。删除默认值是指删除包含默认值在内的一组数据。如果样本数据量很大，还可以选择忽略默认值。

下面以最常用的用平均值替换默认值为例，展示一次性替换所有默认值的方法，具体操作步骤如下。

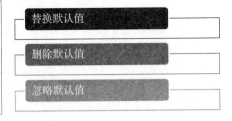

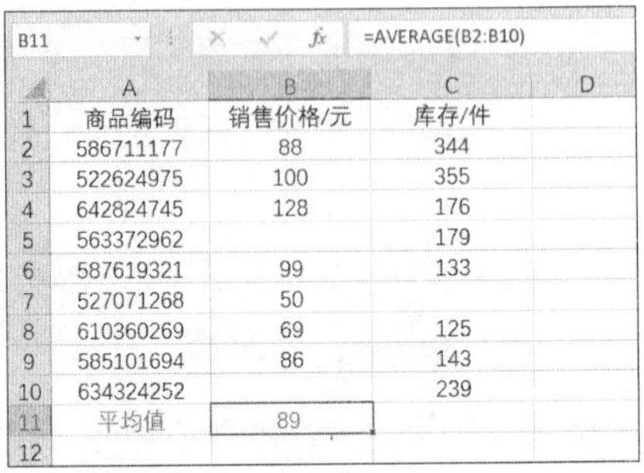

图4-18　计算平均值

（1）在Excel数据表中，通过AVERAGE函数计算B列数据的平均值。在B11单元格中输入平均值函数公式"=AVERAGE(B2:B10)"，按"Enter"键，即可自动计算出该列数据的平均值，如图4-18所示。

（2）选中A1:B10单元格区域，按"Ctrl+G"快捷键，打开"定位"对话框，单击对话框中的"定位条件"按钮，如图4-19所示。

（3）弹出"定位条件"对话框，选中"空值"单选按钮，单击"确定"按钮，如图4-20所示。

图4-19 "定位"对话框　　　图4-20 "定位条件"对话框

（4）执行空值定位后，B列中所有的空白单元格就会被查找出来，且此时被定位的空白单元格处于选中状态，如图4-21所示。

（5）保证空白单元格处于选中状态，在任一空白单元格中输入平均值，按"Ctrl+Enter"快捷键，此时所有选中的空白单元格都将被填充平均值，即可完成替换所有默认值的操作，如图4-22所示。

图4-21 选中空值所在单元格　　　图4-22 替换所有默认值

按"Ctrl+Enter"快捷键可以对选中的单元格进行批量数据输入。

4. 检查数据逻辑

原始数据表中可能还会存在不符合逻辑的数据。例如，某短视频作品的播放量为1000次，点赞量却有1100个，这显然是不符合逻辑的。在数据量较大的情况下，如果依靠人工对数据进行逐一核对来检查数据的逻辑是否正确，显然是不现实的，此时可以通过 Excel 中的 IF 函数快速判断数据逻辑是否正确。

IF 函数是 Excel 中用于判断数据逻辑是否正确的常用函数，下面就以某企业 2021 年的新媒体推广费用为例，讲解如何利用 IF 函数检查数据逻辑。

某企业 2021 年每月的新媒体推广费用如图 4–23 所示。假设该企业每月的新媒体推广费用预算为 5000 元，从数据逻辑的角度来看，该企业每月的新媒体推广费用都应小于 5000 元，才符合数据逻辑。

	A	B	C
1	月份	推广费用/元	
2	1月	4597	
3	2月	4524	
4	3月	4482	
5	4月	4464	
6	5月	4500	
7	6月	4626	
8	7月	4851	
9	8月	5325	
10	9月	4544	
11	10月	4586	
12	11月	4566	
13	12月	4634	
14			

图4-23　某企业每月的新媒体推广费用

下面使用 IF 函数判断该企业每月的新媒体推广费用的数据逻辑是否正确，若正确，返回值为“正确”；若不正确，返回值为“错误”，具体操作步骤如下。

（1）在 Excel 数据表中增加逻辑值返回列（C 列），在 C1 单元格中输入字段名“逻辑是否正确”，如图 4–24 所示。

（2）在 C2 单元格中输入 IF 函数公式“=IF(B2<5000," 正确 "," 错误 ")”，按“Enter”键即可判断出 B2 单元格的数据是否符合数据逻辑，如图 4–25 所示。

C1　fx　逻辑是否正确

	A	B	C	D
1	月份	推广费用/元	逻辑是否正确	
2	1月	4597		
3	2月	4524		
4	3月	4482		
5	4月	4464		
6	5月	4500		
7	6月	4626		
8	7月	4851		
9	8月	5325		
10	9月	4544		
11	10月	4586		
12	11月	4566		
13	12月	4634		
14				

图4-24　增加逻辑值返回列

C2　fx　=IF(B2<5000,"正确","错误")

	A	B	C	D
1	月份	推广费用/元	逻辑是否正确	
2	1月	4597	正确	
3	2月	4524		
4	3月	4482		
5	4月	4464		
6	5月	4500		
7	6月	4626		
8	7月	4851		
9	8月	5325		
10	9月	4544		
11	10月	4586		
12	11月	4566		
13	12月	4634		
14				

图4-25　输入IF函数公式

（3）选中 C2 单元格，将鼠标指针悬停在单元格右下角，当鼠标指针变成黑色十字形时，双击鼠标左键即可快速填充公式，如图 4–26 所示。

完成公式填充后，就可以根据返回值快速判断数据是否符合逻辑了。例如，图 4–26 中 8 月的逻辑值显示为“错误”，说明 8 月的数据的逻辑不正确，需要进行仔细核对。

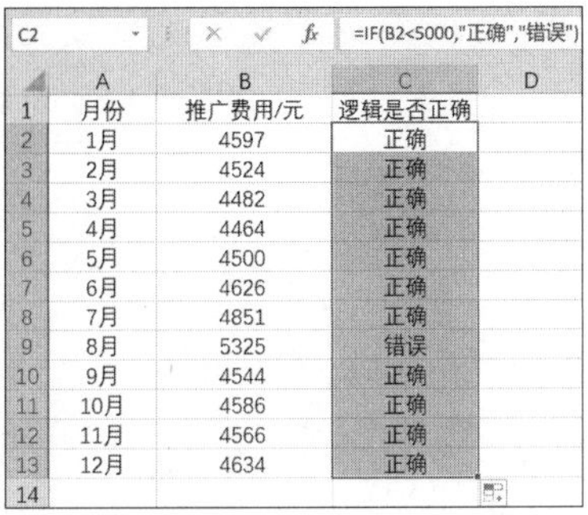

C2 =IF(B2<5000,"正确","错误")

	A	B	C	D
1	月份	推广费用/元	逻辑是否正确	
2	1月	4597	正确	
3	2月	4524	正确	
4	3月	4482	正确	
5	4月	4464	正确	
6	5月	4500	正确	
7	6月	4626	正确	
8	7月	4851	正确	
9	8月	5325	错误	
10	9月	4544	正确	
11	10月	4586	正确	
12	11月	4566	正确	
13	12月	4634	正确	
14				

图4-26　快速填充公式

4.2.3　数据加工

在完成数据清洗后，数据分析人员还需要根据数据分析的目的，对数据进行加工。数据加工是启发数据分析灵感的一个重要步骤，在数据加工过程中，需要对不同项目的数据进行分类、转换、重组和计算。数据加工不仅可以增加数据表的信息量，还可以改变数据表的表现形式，从而激发更多的数据分析思路，发现更有价值的数据信息。

1. 数据分类

数据分类是根据一定的标准，将数据表中的数据项目分到不同的组别中，从而对不同组别的数据采取不同的分析方式和优化策略。例如，利用数据分类的思路对某新媒体账号的粉丝进行分类，根据粉丝关注账号的时长，将粉丝分为普通粉丝和优质粉丝，如图 4-27 所示。然后，针对普通粉丝采取一定的留存策略；针对优质粉丝予以重点维护，最大限度地激发粉丝价值。

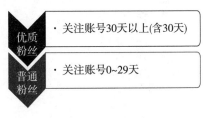

图4-27　粉丝分类

在 Excel 中，可以利用 VLOOKUP 函数快速对数据进行分类。VLOOKUP 函数是一个纵向查找函数，可以用来返回数据所在分组的名称。也就是按列查找对应数据，最终返回该列所需查询序列对应的值。

利用 VLOOKUP 函数对数据进行分类时，需要先在数据表中设置一个条件区域，如图 4-28 所示。设置条件区域的目的是为函数建立一个数据分类的依据，条件区域中的“阈值”表示该组数据的最小值。

	A	B	C	D	E	F	G	H
1	粉丝编号	关注账号时长/天	粉丝等级		条件区域			
2	58001	80			阈值	级别分组	关注时长范围/天	
3	58002	12			0	普通粉丝	0~29	
4	58003	128			30	优质粉丝	30以上	
5	58004	86						
6	58005	99						
7	58006	15						
8	58007	108						
9	58008	69						
10	58009	11						
11	58010	5						
12	58011	59						
13	58012	30						
14	58013	79						
15	58014	10						
16	58015	9						
17								

图4-28　设置条件区域

然后在 C2 单元格中输入函数公式“=VLOOKUP(B2,$E$3:$F$4,2)”，按“Enter”键获得返回值结果，如图 4-29 所示。公式的含义是，根据 B2 单元格的数据，在 E3:F4 单元格区域中寻找相匹配的阈值，然后返回阈值对应的第 2 列数据。例如，B2 单元格中的数据为“80”，所匹配的阈值为“30”，该阈值对应的第 2 列数据为“优质粉丝”，因此，在 C2 单元格中输入公式后，返回值结果为“优质粉丝”。

C2　fx　=VLOOKUP(B2,$E$3:$F$4,2)

	A	B	C	D	E	F	G	H
1	粉丝编号	关注账号时长/天	粉丝等级		条件区域			
2	58001	80	优质粉丝		阈值	级别分组	关注时长范围/天	
3	58002	12			0	普通粉丝	0~29	
4	58003	128			30	优质粉丝	30以上	
5	58004	86						
6	58005	99						
7	58006	15						
8	58007	108						
9	58008	69						
10	58009	11						
11	58010	5						
12	58011	59						
13	58012	30						
14	58013	79						
15	58014	10						
16	58015	9						
17								

图4-29　输入函数公式

选中 C2 单元格，将鼠标指针悬停在单元格右下角，当鼠标指针变成黑色十字形时，双击鼠标左键快速填充公式至 C16 单元格，如图 4-30 所示。

2. 数据转换

数据表中数据的统计形式一定要便于后期数据分析工作的开展，如行列的字段设置、数据的记录方式等都要方便后期的数据分析能够顺利进行。如果数据的统计形式不符合数据分析的要求，就需要对其进行转换。

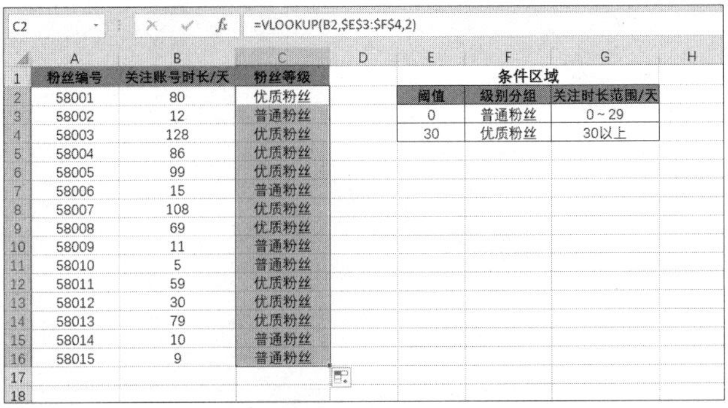

	A	B	C	D	E	F	G	H
1	粉丝编号	关注账号时长/天	粉丝等级		条件区域			
2	58001	80	优质粉丝		阈值	级别分组	关注时长范围/天	
3	58002	12	普通粉丝		0	普通粉丝	0～29	
4	58003	128	优质粉丝		30	优质粉丝	30以上	
5	58004	86	优质粉丝					
6	58005	99	优质粉丝					
7	58006	15	普通粉丝					
8	58007	108	优质粉丝					
9	58008	69	优质粉丝					
10	58009	11	普通粉丝					
11	58010	5	普通粉丝					
12	58011	59	优质粉丝					
13	58012	30	优质粉丝					
14	58013	79	优质粉丝					
15	58014	10	普通粉丝					
16	58015	9	普通粉丝					
17								
18								

图4-30　快速填充公式

例如，某小红书账号 3 月 1 日—3 月 10 日的阅读量统计如图 4-31 所示。该数据表是一张一维表，如果要添加更多日期的数据，只能在数据表中向右添加，这样的行列设置非常不方便使用者查看数据。

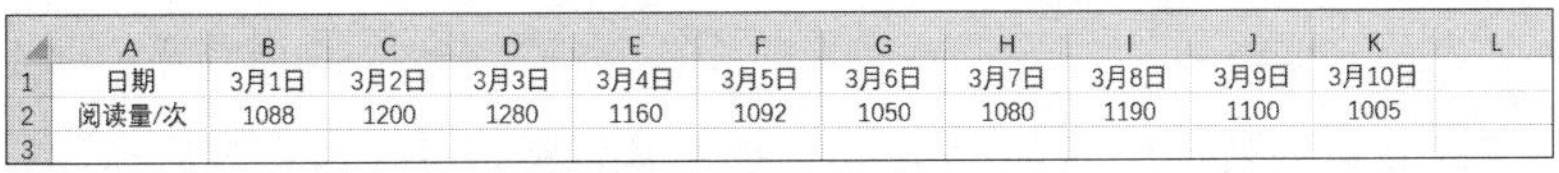

	A	B	C	D	E	F	G	H	I	J	K	L
1	日期	3月1日	3月2日	3月3日	3月4日	3月5日	3月6日	3月7日	3月8日	3月9日	3月10日	
2	阅读量/次	1088	1200	1280	1160	1092	1050	1080	1190	1100	1005	
3												

图4-31　某小红书账号3月1日—3月10日的阅读量

在这种情况下，不需要重新输入数据，只需使用 Excel 的“选择性粘贴”功能中的转置，即可实现行列转换，具体操作步骤如下。

（1）选中需要转换行列的数据区域，按“Ctrl+C”快捷键复制数据，然后在数据表中选择一个空白单元格，如 A4 单元格，转换后的数据将放置在这里。接着单击“开始”选项卡，在“剪贴板”组中单击“粘贴”按钮，在弹出的下拉列表中单击“选择性粘贴”选项，如图 4-32 所示。

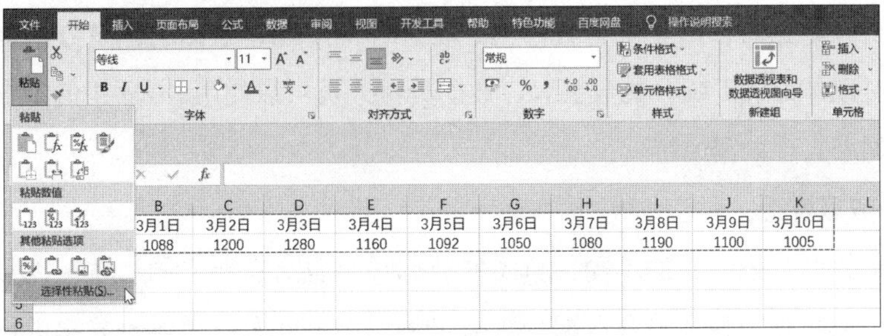

图4-32　单击“选择性粘贴”选项

（2）弹出“选择性粘贴”对话框，选中“转置”复选框，单击“确定”按钮，如图 4-33 所示。

图4-33 "选择性粘贴"对话框

提示 在"选择性粘贴"对话框中,首先要确定粘贴方式,粘贴方式默认为"全部",这种方式可以保留数据的格式、公式、数值。

(3)转置后的效果如图 4-34 所示,此时数据已成功实现行列转换。

	A	B	C	D	E	F	G	H	I	J	K
1	日期	3月1日	3月2日	3月3日	3月4日	3月5日	3月6日	3月7日	3月8日	3月9日	3月10日
2	阅读量/次数	1088	1200	1280	1160	1092	1050	1080	1190	1100	1005
3											
4	日期	阅读量/次数									
5	3月1日	1088									
6	3月2日	1200									
7	3月3日	1280									
8	3月4日	1160									
9	3月5日	1092									
10	3月6日	1050									
11	3月7日	1080									
12	3月8日	1190									
13	3月9日	1100									
14	3月10日	1005									
15											

图4-34 完成行列转换后的效果

在统计数据时,由于统计者不同、统计标准不同,数据的记录方式也可能不同。面对记录方式不统一的数据表,数据分析人员可以使用 Excel 中的"查找和替换"功能来实现数据的统一。

3. 数据重组

由于数据分析的目的不同,所需的数据项目也会有所不同。在统计数据时,难免会出现数据项目不符合数据分析需求的情况,此时就需要对数据进行重组,如拆分数据、合并数据或抽取数据等,使数据表中的数据经过重组后能够满足数据分析的要求。

（1）拆分数据

拆分数据是指将一个数据拆分成多个数据。在收集到的数据表中，一列数据项可能同时包含多个数据信息。例如，客户信息中同时包含客户名称和客户年龄两个数据信息，如图4-35所示。在数据分析时，可能需要对客户名称和客户年龄进行单独统计，此时就需要对数据进行拆分。

图4-35　客户信息

使用 Excel 中的"分列"功能，可以根据数据的规律对其进行数据拆分，具体操作步骤如下。

①选中需要拆分的数据列，单击"数据"选项卡，在"数据工具"组中单击"分列"按钮，如图 4-36 所示。

②弹出"文本分列向导－第1步，共3步"对话框，由于数据列中含有分隔符号，这里默认选中"分隔符号"单选按钮，单击"下一步"按钮，如图 4-37 所示。

图4-36　单击"分列"按钮

提示

数据拆分的方式有两种，一种是以分隔符号拆分，另一种是以固定宽度拆分。如果需要拆分的数据列中有逗号、分号、空格等分隔符号，可以选择以分隔符号拆分数据；如果需要拆分的数据列中有固定的字符宽度，如商品编号、身份证号等，可以选择以固定宽度拆分数据。

③进入"文本分列向导－第2步，共3步"对话框，选中"空格"复选框，单击"下一步"按钮，如图4-38所示。

图4-37 "文本分列向导-第1步，共3步"对话框

图4-38 "文本分列向导-第2步，共3步"对话框

④进入"文本分列向导－第3步，共3步"对话框，保持默认选择，单击"完成"按钮，如图4-39所示。

⑤成功将"客户信息"数据列拆分成两列数据的效果如图4-40所示。

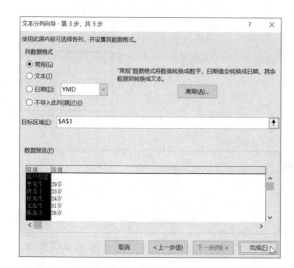
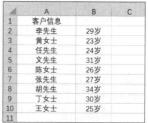

图4-39 "文本分列向导-第3步，共3步"对话框　　图4-40 成功拆分数据的效果

（2）合并数据

合并数据是指将多列数据合并成一列数据。例如，有些数据表中年份数据与

月份数据是分开的，这时就可以将其合并为“年份 + 月份”数据。合并数据的方法很简单，只需使用逻辑连接符号“&”，即可将数据合并显示。例如，要想合并 A2 和 B2 单元格中的数据，只需在 C2 单元格中输入公式“=A2&B2”，即可合并显示 A2 和 B2 单元格中的数据，如图 4–41 所示。

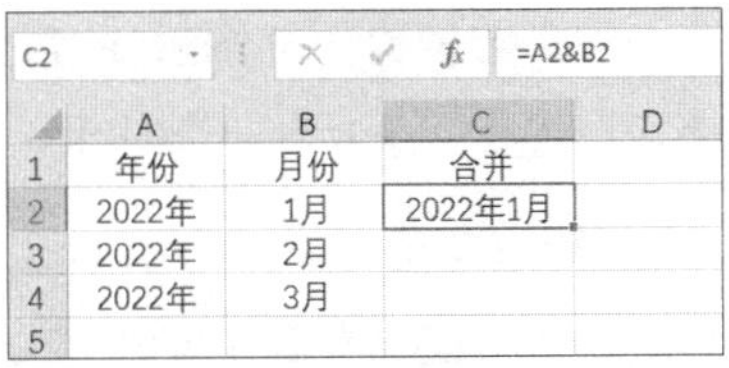
C2　=A2&B2

	A	B	C	D
1	年份	月份	合并	
2	2022年	1月	2022年1月	
3	2022年	2月		
4	2022年	3月		
5				

图4-41　合并数据

（3）抽取数据

抽取数据是指从现有的原始数据中抽取部分数据作为数据分析的对象。例如，某数据列中包含部门和组别两个信息，如果只需要部门信息，可以使用 LEFT 函数抽取数据。在 B2 单元格中输入函数公式“=LEFT(A2, 5)”，即可抽取部门数据，如图 4–42 所示。LEFT 函数的作用是从一个文本字符串的左侧开始，返回指定个数的字符。函数公式“=LEFT(A2, 5)”表示返回 A2 单元格左侧的 5 个字符。

同理，如果只需要组别信息，可以使用 RIGHT 函数抽取数据。在 C2 单元格中输入函数公式“=RIGHT(A2, 3)”，即可抽取组别数据，如图 4–43 所示。RIGHT 函数表示从一个文本字符串的右侧开始，返回指定个数的字符。

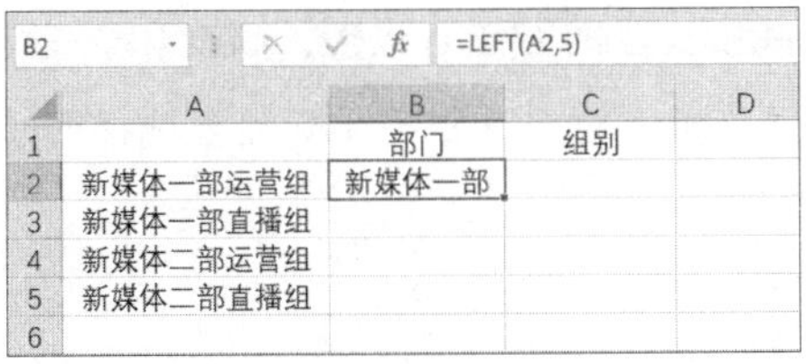
B2　=LEFT(A2,5)

	A	B	C	D
1		部门	组别	
2	新媒体一部运营组	新媒体一部		
3	新媒体一部直播组			
4	新媒体二部运营组			
5	新媒体二部直播组			
6				

图4-42　抽取部门数据

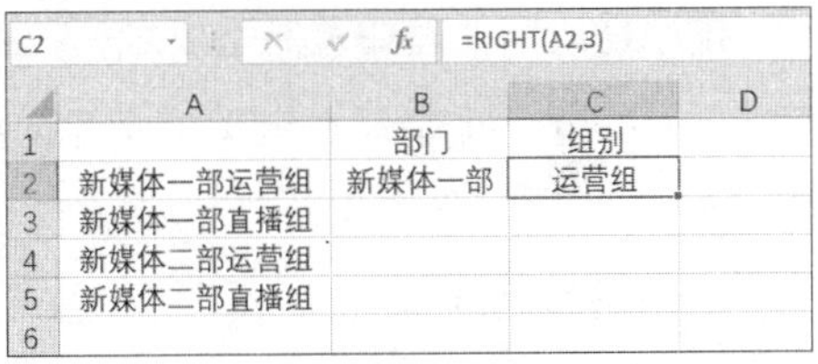
C2　=RIGHT(A2,3)

	A	B	C	D
1		部门	组别	
2	新媒体一部运营组	新媒体一部	运营组	
3	新媒体一部直播组			
4	新媒体二部运营组			
5	新媒体二部直播组			
6				

图4-43　抽取组别数据

4．数据计算

数据加工过程中有一项非常重要的工作，就是进行数据计算，包括计算数据项目的和、乘积、平均值等。下面以某直播间的商品销售数据为例，简单展示数据计算的过程。如图 4–44 所示，已知直播间商品的销量和售价，现在需要计算直播间商品的销售额。

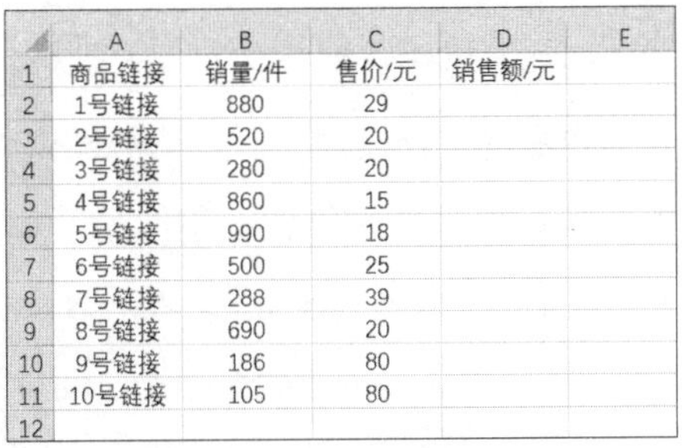

	A	B	C	D	E
1	商品链接	销量/件	售价/元	销售额/元	
2	1号链接	880	29		
3	2号链接	520	20		
4	3号链接	280	20		
5	4号链接	860	15		
6	5号链接	990	18		
7	6号链接	500	25		
8	7号链接	288	39		
9	8号链接	690	20		
10	9号链接	186	80		
11	10号链接	105	80		
12					

图4-44　某直播间的商品销售数据

商品的销售额 = 销量 × 售价，即 B 列的数据 ×C 列的数据。在 D2 单元格中输入公式“=B2*C2”，按“Enter”键获取计算结果，如图 4–45 所示。

选中 D2 单元格，将鼠标指针悬停在单元格右下角，当鼠标指针变成黑色十字形时，双击鼠标左键快速填充公式至 D11 单元格，如图 4–46 所示。

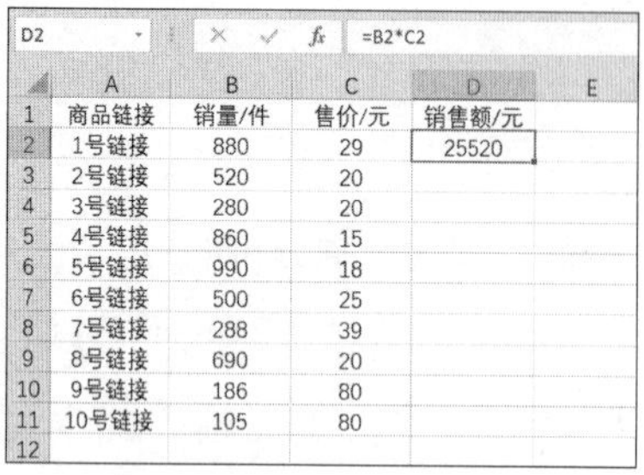
D2 =B2*C2

	A	B	C	D	E
1	商品链接	销量/件	售价/元	销售额/元	
2	1号链接	880	29	25520	
3	2号链接	520	20		
4	3号链接	280	20		
5	4号链接	860	15		
6	5号链接	990	18		
7	6号链接	500	25		
8	7号链接	288	39		
9	8号链接	690	20		
10	9号链接	186	80		
11	10号链接	105	80		
12					

图4–45 输入公式

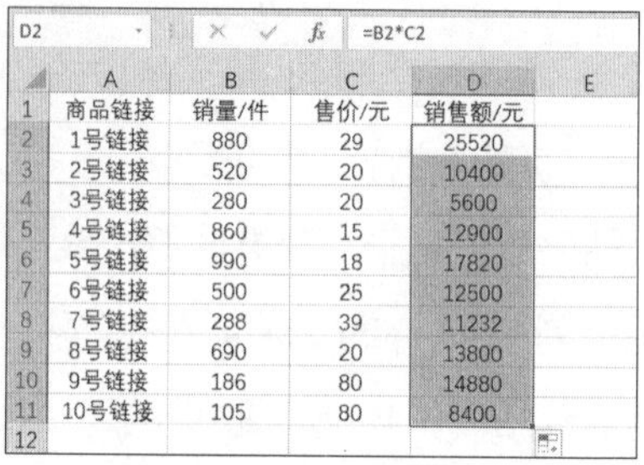
D2 =B2*C2

	A	B	C	D	E
1	商品链接	销量/件	售价/元	销售额/元	
2	1号链接	880	29	25520	
3	2号链接	520	20	10400	
4	3号链接	280	20	5600	
5	4号链接	860	15	12900	
6	5号链接	990	18	17820	
7	6号链接	500	25	12500	
8	7号链接	288	39	11232	
9	8号链接	690	20	13800	
10	9号链接	186	80	14880	
11	10号链接	105	80	8400	
12					

图4–46 快速填充公式

4.2.4 数据整理

Excel 中还有很多数据处理的实用功能，如排序、筛选、分类汇总等，用好这些功能能够极大地提升后期数据分析的效率。

1. 数据排序

排序是数据处理的重要手段之一，Excel 中排序的方法有很多，如按升序或降序排序、按颜色排序及自定义排序等，数据分析人员应该根据实际需要选择合适的方法。

（1）按升序或降序排序

按升序或降序排序是最常见的一种数据排序方法，即按数值大小对数据进行排序。该排序方法的操作非常简单，只需选中数据的字段单元格，单击“升序”或“降序”按钮即可。

例如，要按点赞量的多少对某短视频账号的作品进行降序排序。具体的操作为：选中 B 列数据区域中的任一单元格，如 B1 单元格，单击“数据”选项卡，然后直接在“排序和筛选”组中单击“降序”按钮，即可对“点赞量”数据列的数据进行降序排序，如图 4–47 所示。

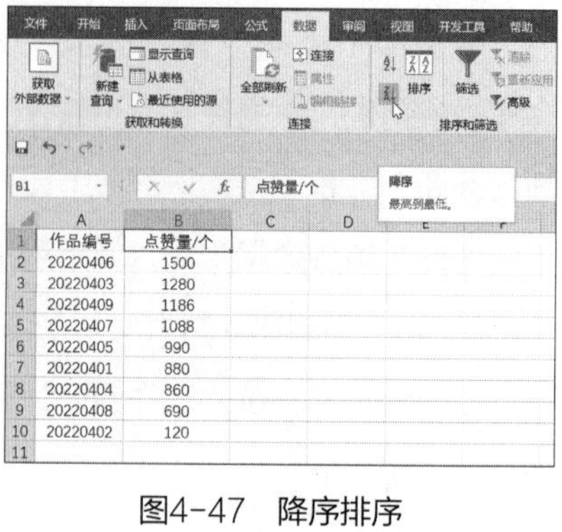

	A	B	C	D
1	作品编号	点赞量/个		
2	20220406	1500		
3	20220403	1280		
4	20220409	1186		
5	20220407	1088		
6	20220405	990		
7	20220401	880		
8	20220404	860		
9	20220408	690		
10	20220402	120		
11				

图4–47 降序排序

(2)按颜色排序

在进行数据分析时,通常会将一些比较重要的数据单独标注出来,以不同的颜色显示,如设置单元格的填充底色、改变字体颜色。但这些标注了颜色的数据可能会分布在数据表的不同位置,不方便查看。如果对这些标注了颜色的数据进行排序,置于数据表的最前面,将会更加便于数据分析工作的开展。Excel 中为用户提供了按单元格颜色和字体颜色进行排序的功能,具体操作步骤如下。

①选中任意一个带有颜色的单元格,单击鼠标右键,在弹出的快捷菜单中依次单击"排序"→"将所选单元格颜色放在最前面"选项,如图 4-48 所示。

图4-48 单击"将所选单元格颜色放在最前面"选项

②查看排序后的效果,所有红色标注的单元格数据都被排到了最前面,如图 4-49 所示。

(3)自定义排序

上面介绍的两种排序方法都是比较简单的排序方法,但在实际的数据处理过程中,会遇到一些比较复杂的排序问题,需要自行设置排序条件来满足排序需求,在某些情况下,甚至还需要借助函数公式及其他方法来实现数据排序。

通常,数值排序的规则比较简单,只需根据数值的大小进行排序即可,但文字排序的规则却复杂很多。例如,在分析商品销量数据时,需要按照商品的品类进行排序,如图 4-50 所示,即按照"上衣"→"裤装"→"鞋类"的顺序显示商品数据。

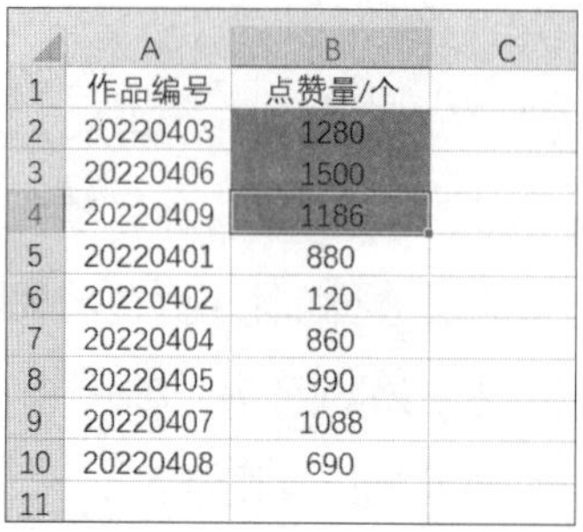

	A	B	C
1	作品编号	点赞量/个	
2	20220403	1280	
3	20220406	1500	
4	20220409	1186	
5	20220401	880	
6	20220402	120	
7	20220404	860	
8	20220405	990	
9	20220407	1088	
10	20220408	690	
11			

图4-49　按单元格颜色排序的结果

	A	B	C	D
1	商品名称	商品品类	销量/件	
2	T恤	上衣	1880	
3	针织衫	上衣	1088	
4	牛仔裤	裤装	1120	
5	休闲鞋	鞋类	1186	
6	休闲裤	裤装	690	
7	衬衣	上衣	1860	
8	工装裤	裤装	500	
9	皮鞋	鞋类	280	
10	夹克	上衣	990	
11				

图4-50　商品销量数据表

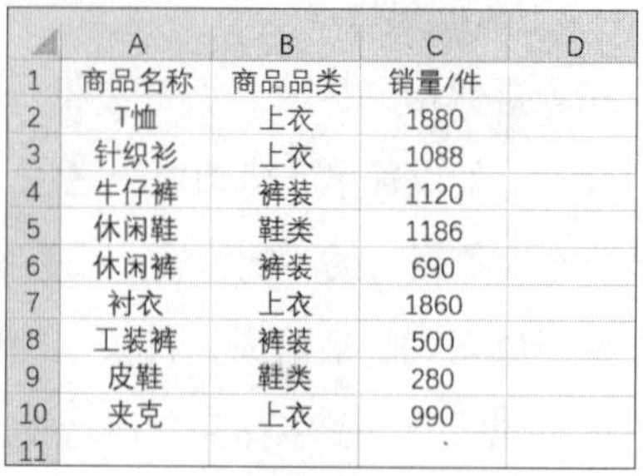

在这种情况下，如果要按商品品类进行排序，可以自行设置一个排序规则。另外，在Excel中还可以对多列数据进行多条件排序。下面依次演示按照商品品类和销量进行自定义序列多列排序，具体操作步骤如下。

①在Excel数据表中，选中数据区域，单击“数据”选项卡，接着单击“排序和筛选”组中的“排序”按钮，如图4-51所示。

②弹出“排序”对话框，在“主要关键字”下拉列表中选择“商品品类”选项，在“次序”下拉列表中选择“自定义序列”选项，如图4-52所示。

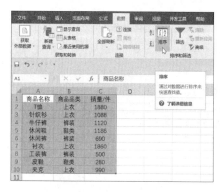

图4-51　单击“排序”按钮

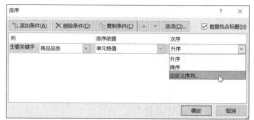

图4-52　“排序”对话框

③弹出“自定义序列”对话框，在“输入序列”文本框中，按照需要的顺序输入商品品类“上衣,裤装,鞋类”，注意品类之间用英文逗号隔开，然后依次单击“添加”→“确定”按钮，如图4-53所示。

④返回“排序”对话框，单击“添加条件”按钮，如图4-54所示。

图4-53 "自定义序列"对话框

图4-54 单击"添加条件"按钮

⑤设置排序条件,设置"次要关键字"为"销量/件",设置"次序"为"降序",单击"确定"按钮,如图4-55所示。

⑥此时数据表中的数据就会先按商品品类排序,再按销量排序,其排序效果如图4-56所示。

图4-55 设置排序条件

图4-56 执行自定义序列多列排序命令后的效果

2. 数据筛选

在海量的数据中筛选出最有价值的数据进行数据分析,可以有效提高数据分析工作的效率。因此,数据筛选在数据处理过程中占据着非常重要的地位。Excel提供的数据筛选功能可以帮助用户快速查找和定位目标信息,并将不需要的信息过滤掉。

在 Excel 中进行数据筛选,需要先开启筛选功能。具体的方法为:选中数据区域中任一单元格,单击"数据"选项卡,接着单击"排序和筛选"组中的"筛选"按钮,此时字段名称单元格右侧会出现一个倒三角按钮,通过该按钮即可进行各种数据筛选操作,如图4-57所示。

根据不同的数据类型,可以执行不同的筛选操作,如按颜色筛选、数字筛选和文本筛选等。下面以图4-57中的数据为例,展示这三种筛选操作。

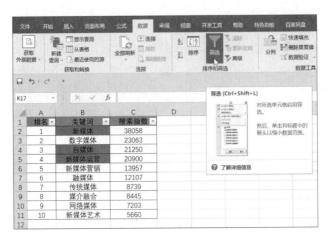

图4-57　开启筛选功能

（1）按颜色筛选

按颜色筛选适用于标注了颜色的数据，图4-57中，"关键词"列中部分单元格有颜色填充，现在需要筛选出这些有颜色填充的数据。单击"关键词"列的筛选按钮，在弹出的下拉列表中选择"按颜色筛选"→"按单元格颜色筛选"选项，然后选择需要筛选的单元格颜色即可，如图4-58所示。

图4-58　按颜色筛选

（2）数字筛选

数字筛选适用于数字型的数据，其筛选方式较多，包括大于、小于、不等于、介于、高于平均值、低于平均值、自定义筛选等。例如，要筛选搜索指数高于平均值的数据，只需单击"搜索指数"列的筛选按钮，在弹出的下拉列表中选择"数字筛选"→"高于平均值"选项即可，如图4-59所示。

（3）文本筛选

文本筛选适用于文本型的数据。例如，在"关键词"列中筛选包含"新媒体"关键词的数据，单击"关键词"列的筛选按钮，直接在下拉列表中的搜索文本框中输入"新媒体"，单击"确定"按钮即可，如图4-60所示。

图4-59　数字筛选

图4-60　文本筛选

> **提示**　直接在搜索文本框中输入指定值进行筛选的方式，同样适用于数字型数据和日期型数据。另外，如果需要清除筛选结果，只需单击"筛选"按钮旁的"清除"按钮即可，如图4-61所示。

图4-61　清除筛选结果

3. 数据分类汇总

使用Excel的分类汇总功能可以快速对各项目数据进行统计，运用数据分析对比思维对各项目的总和、平均值等指标进行准确对比。数据分类汇总的操作思路如图4-62所示，通常需要先将汇总的项目排列到一起，然后再执行汇总命令，系统才能对排列到一起的数据进

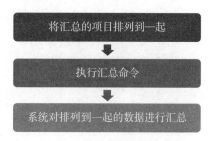

图4-62　数据分类汇总的操作思路

行汇总。

下面以某企业4月1日—4月3日这3天在不同销售平台的销售额数据为例演示分类汇总，具体操作步骤如下。

（1）对4月1日、4月2日、4月3日这3天的数据进行分类汇总，需要以"日期"列作为分类依据。因此，首先要对"日期"列进行排序，将相同的日期排列到一起。选中"日期"列中任一单元格，单击"数据"选项卡，然后在"排序和筛选"组中单击"升序"按钮，如图4-63所示。

图4-63　将相同的日期排列到一起

（2）完成排序后，选中数据区域，单击"数据"选项卡，然后在"分级显示"组中单击"分类汇总"按钮，如图4-64所示。

图4-64　单击"分类汇总"按钮

（3）弹出“分类汇总”对话框，设置分类字段为“日期”，汇总方式为“求和”，选定汇总项为“销售额 / 元”，单击“确定”按钮，如图 4–65 所示。

（4）分类汇总结果中显示了不同日期下的销售额总和，如图 4–66 所示。

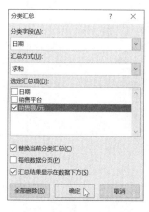

图4–65　“分类汇总”对话框

	A	B	C	D
1	日期	销售平台	销售额/元	
2	4月1日	淘宝	15800	
3	4月1日	抖音	10969	
4	4月1日	拼多多	8126	
5	4月1日	京东	6205	
6	4月1日 汇总		41100	
7	4月2日	淘宝	15688	
8	4月2日	京东	2420	
9	4月2日	抖音	6969	
10	4月2日	拼多多	5612	
11	4月2日 汇总		30689	
12	4月3日	抖音	10269	
13	4月3日	淘宝	12130	
14	4月3日	京东	5220	
15	4月3日	拼多多	6912	
16	4月3日 汇总		34531	
17	总计		106320	
18				

图4–66　分类汇总结果

（5）单击汇总表左上角的按钮“1”“2”“3”，可以分级查看汇总结果。图 4–67 所示为 2 级汇总结果，其中没有显示项目明细，而是直接显示了每个日期的数据汇总。

	A	B	C	D
1	日期	销售平台	销售额/元	
6	4月1日 汇总		41100	
11	4月2日 汇总		30689	
16	4月3日 汇总		34531	
17	总计		106320	
18				

图4–67　2级汇总结果

课堂实训——将二维表转换成一维表

数据表有一维表和二维表两种形式，为了方便后续进行具体的数据分析，通常情况下，我们都会采用一维表来记录数据。如果一开始获取到的数据表是二维表，或者在输入数据时不小心输成了二维表，可以在 Excel 中使用相关工具将其直接转换成一维表，不需要重新输入数据。以图 4–68 中的二维数据表为例，将其转换为一维表的具体操作步骤如下。

	A	B	C	D	E
1	平台	1月（粉丝数/个）	2月（粉丝数/个）	3月（粉丝数/个）	
2	微信	1705	1699	1616	
3	微博	1589	1607	1595	
4	抖音	1955	2001	2295	
5					

图4–68　二维数据表

（1）在 Excel 数据表中，单击“文件”选项卡，依次单击“更多”→“选项”

按钮,弹出"Excel 选项"对话框。单击"自定义功能区"选项,在"从下列位置选择命令"下拉列表中选择"不在功能区中的命令"选项,如图 4-69 所示。

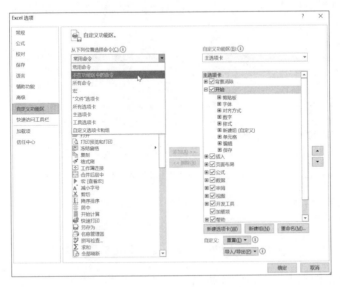

图4-69　选择"不在功能区中的命令"选项

(2)在"不在功能区中的命令"下方的列表框中,选择"数据透视表和数据透视图向导"选项,并单击"添加"按钮,将其添加到右侧的列表框中,然后单击"确定"按钮,如图 4-70 所示。

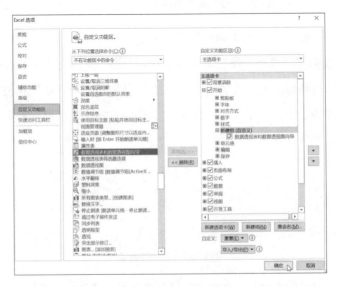

图4-70　添加"数据透视表和数据透视图向导"工具

（3）添加"数据透视表和数据透视图向导"工具后，Excel 的菜单栏中就会出现"数据透视表和数据透视图向导"按钮，单击该按钮，如图 4-71 所示。

图4-71　单击"数据透视表和数据透视图向导"按钮

（4）弹出"数据透视表和数据透视图向导"对话框，选中"多重合并计算数据区域"单选按钮，单击"下一步"按钮，如图 4-72 所示。

（5）弹出新对话框，选中"创建单页字段"单选按钮，单击"下一步"按钮，如图 4-73 所示。

图4-72　选中"多重合并计算数据区域"单选按钮

图4-73　选中"创建单页字段"单选按钮

（6）弹出新对话框，拖曳鼠标选择需要转换的二维表区域，即 A1:D4 单元格区域，然后单击"下一步"按钮，如图 4-74 所示。

图4-74　选择需要转换的二维表区域

（7）弹出新对话框，默认在现有工作表中创建数据透视表，单击"完成"按钮，如图4-75所示。

图4-75　创建数据透视表

（8）调整数据透视表，在"数据透视表字段"窗格中，取消选中"行"和"列"复选框，然后双击数据透视表中"求和项：值"下方的数值单元格，如图4-76所示。

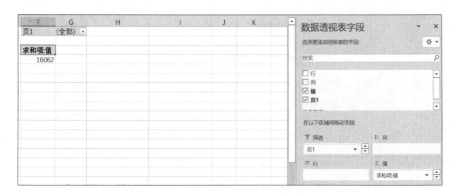

图4-76　调整数据透视表

（9）呈现出来的一维表效果如图4-77所示。

	A	B	C	D	E
1	行	列	值	页1	
2	微信	1月（粉丝数/个）	1705	项1	
3	微信	2月（粉丝数/个）	1699	项1	
4	微信	3月（粉丝数/个）	1616	项1	
5	微博	1月（粉丝数/个）	1589	项1	
6	微博	2月（粉丝数/个）	1607	项1	
7	微博	3月（粉丝数/个）	1595	项1	
8	抖音	1月（粉丝数/个）	1955	项1	
9	抖音	2月（粉丝数/个）	2001	项1	
10	抖音	3月（粉丝数/个）	2295	项1	
11					

图4-77　一维表效果

课堂小结

本章详细介绍了新媒体数据处理的基本流程，同时还讲解了使用Excel对数据进行清洗、加工和整理的相关操作。通过对本章的学习，读者可以了解新媒体数据处理的基本流程，掌握新媒体数据处理的方法和技巧，进一步保证分析数据的可靠性和准确性，为具体的数据分析扫清最后一层障碍。

课后作业

1. 对于缺失数据应当如何处理？
2. 数据集成中会出现哪些数据问题，相应的技术处理方法是什么？

第 5 章
新媒体数据分析

本章导读

在大数据时代,任何商业运作都离不开数据的支撑。在新媒体行业,数据分析及数据化运营起着至关重要的作用,能够有效地帮助新媒体运营人员制订运营方案,为每一项运营决策提供有力的数据支撑。本章将详细讲解新媒体数据分析的思维、方法及新媒体数据的建模与分析,以帮助新媒体运营者更好地掌握新媒体数据分析的基础技能。

本章学习要点

- 熟悉新媒体数据分析的思维
- 掌握新媒体数据分析的具体方法
- 掌握新媒体数据建模与分析的方法

5.1 新媒体数据分析的思维

数据分析人员要想将无价值的数据转换为有价值的信息，需要具备一定的数据分析思维。在进行新媒体数据分析的过程中，数据分析人员应该掌握5大思维：对比思维、拆分思维、增维思维、降维思维和假设思维，如图 5-1 所示。

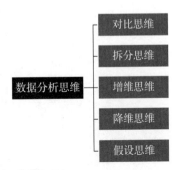

图5-1 数据分析思维

5.1.1 对比思维

对比思维是最基本的一种数据分析思维，该思维的应用范围非常广泛，如在分析短视频/直播效果或分析销售数据时，都需要通过对比分析来获取有用的信息。例如，某直播间有4款商品，利用柱形图对这4款商品的销量进行对比展示，如图 5-2 所示，这样就可以一目了然地知道该直播间哪款商品的销量较高，哪款商品的销量较低。

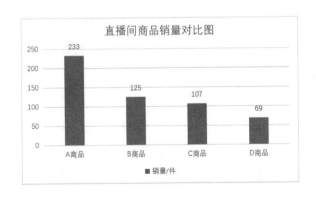

图5-2 某直播间商品销量对比图

5.1.2 拆分思维

拆分思维是指对数据指标进行分解的一种数据分析思维，也就是在确定一个分析因素（对象）之后，对组成该因素（对象）的各个子因素（对象）进行分析。例如，销售额 = 成交用户数 × 客单价，成交用户数 = 访客数 × 转化率。运用拆分思维对销售额这一数据指标进行分解，如图 5-3 所示。

再如，运用拆分思维对淘宝平台中的流量进行分解，从而明晰流量的分类，如图 5-4 所示。

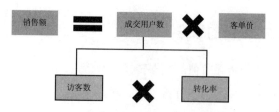

图5-3 运用拆分思维分析销售额

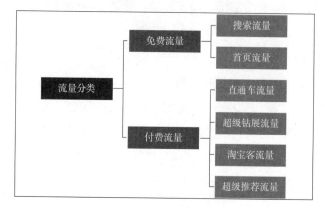

图5-4 运用拆分思维分析流量

运用拆分思维,可以使数据之间的逻辑关系变得更清晰,也有利于数据分析人员更好地理解和分析数据。

5.1.3 增维思维

增维思维是指增加多个维度的数据指标来帮助自己进行数据分析的一种思维。增维就是将简单数据多元化,增加的维度称为"辅助列"。例如,某电商商家运用增维思维对市场上销售的水杯类商品进行数据分析,如表5-1所示。

表5-1 运用增维思维进行数据分析

商品类目	搜索指数	全站商品数
玻璃杯	3010	6301015
保温杯	2851	5045253
马克杯	1960	1028361
塑料杯	1102	563268

通过表5-1可以发现,搜索指数和全站商品数是两个独立的数据指标,前者表示市场需求,而后者表示行业竞争。用搜索指数除以全站商品数,可以获得一

个新的指数,这个指数可以表现出市场竞争的激烈程度,帮助商家准确判断市场当前的竞争情况。

5.1.4 降维思维

增维与降维的概念是相对的,有增必有降,既然有增维思维,自然就会有降维思维。降维思维是指将复杂的数据简单化,提炼核心数据进行数据分析的一种思维。很多数据分析人员在面对一大堆维度广泛的数据时,常常会束手无策,不知该从何下手。其实在分析数据时没必要对每个维度的数据都进行分析,只选择部分具有代表性的数据指标进行分析即可。

例如,运用降维思维对商品的销售额进行数据分析,如表5-2所示。已知与商品销售有密切关系的核心数据指标有访客数、成交用户数、客单价及转化率等。此时数据分析人员就可以将关联度不大的数据排除,只针对核心数据进行分析。

表5-2 运用降维思维进行数据分析

日期	浏览量/次	访客数/人	访问深度/人均次数	销售额/元	销售量/件	订单数/笔	成交用户数/个	客单价/元	转化率
2022/1/1	2584	957	3.5	9045	96	80	67	135	7%
2022/1/2	3625	1450	4.1	9570	125	104	87	110	6%
2022/1/3	2572	1286	2.8	12780	130	108	90	142	7%
2022/1/4	4125	1650	1.9	15345	143	119	99	155	6%
2022/1/5	3699	1233	3.6	8562	107	89	74	113	6%
2022/1/6	4115	1286	2.2	14040	130	108	90	156	7%
2022/1/7	6582	1763	2.9	22755	185	142	123	185	7%

5.1.5 假设思维

假设思维是指从结果到原因,通过逆向思维进行推导的一种思维。在实际的数据分析过程中,对于把握度不高的数据分析,可以采用假设的方式来处理,即先假设一个结果,然后运用逆向思维来倒推,再一步步剥丝抽茧,最终找到最佳的解决方案,以达到数据分析和推理的目的。

在电商数据分析中,按照时间序列可以细分出3种数据,即历史数据、当前数据和预测数据(注:并非真正意义上的数据类型)。

- 历史数据是已经发生过的数据,其主要作用是总结、对照和提炼有用信息,如网店的历史运营数据、退款数据、订单数据或销售额等。

- 当前数据是以时间单位而定的数据，其主要作用是及时了解运营现状，发现问题，如网店当日的成交转化率、销售量等。单一的数据是没有参考价值的，所以当前数据往往需要与历史数据进行对比分析。
- 预测数据是还没有发生的未来数据，需要通过预测才能得到，其主要作用是通过提前预测识别经营风险，及时做好相关的运营和优化工作，如网店参加活动的营销成本预算、销售额预测、店铺规划等。基于多方面因素的影响，实际结果和预测结果可能会存在一定的偏差，因此预测数据仅可作为参考数据使用。

以上3种数据是单向流动的，即预测数据变成当前数据，再变成历史数据。数据分析人员需要针对不同阶段产生的相关运营数据，开展更为有效的数据分析工作。

5.2 新媒体数据分析的方法

在进行新媒体数据分析的过程中，数据分析人员不仅要用建模的思维开展数据分析，还要掌握一些科学的数据分析方法，这样才能更加全面、精准地分析数据。下面介绍几个常用的电商数据分析方法。

5.2.1 对比分析法

对比分析法是将两个或两个以上相关联的数据指标进行比较，通过比对的方式体现它们之间的差异，以此来了解数据内部规律的一种分析方法。对比分析法最大的特点是可以精准、量化地展示出对比数据之间存在的差异。

例如，某内容创作者将自己拍摄的一条短视频作品分别上传到抖音和快手两个平台上，一段时间后对两个平台的视频播放量进行对比分析，如图5-5所示。通过数据对比分析可以直观地看到，该短视频作品在抖音平台的播放量远高于快手平台。

在新媒体数据分析中，可以针对不同时期的数据、竞争对手或行业的数据、优化前后数据及活动前后数据进行对比分析。

（1）不同时期的对比

在做数据透视表的时候，计算环比增长率和同比增长率就是使用两个不同时期的数据指标进行对比。例如，用当前数据和历史数据进行对比分析，通过结果了解企业现阶段的运营状况。

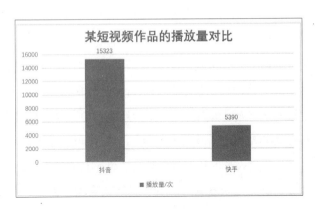

图5-5 对比分析法

（2）与竞争对手或行业对比

用自身的数据和竞争对手或行业大盘的数据进行比较，可以了解到企业目前在行业中处于什么位置，是否还需要进一步优化和提升。例如，通过和竞争对手比较看出企业最大的问题在于直播间的转化率太低，此时数据分析人员就应该进一步分析为什么直播间的转化率不如竞争对手，进而想办法提高直播间的转化率。

（3）优化前后的对比

在新媒体运营过程中会进行许多优化调整以实现企业的经营目标，如优化短视频内容、调整直播时间、调整商品布局等。如果不进行优化前后的对比分析，往往很难知道所做的调整是否得当，优化效果是否明显。因此在进行优化调整后，数据分析人员需要将优化前后的数据进行对比分析，以便及时了解优化的效果。

（4）活动前后对比

当企业发展到一定规模的时候，定期开展活动是常态。企业开展活动肯定是为了达到某种目的，如获取新用户、提升企业的影响力等，此时就必须通过活动前后的对比分析来看看活动是否达到了预期效果，是否能够达到活动的目的。

采用对比分析法时，一定要选择合适的参考标准，如果参考标准受到外界的干扰较大，则可能会影响数据分析的结果，从而使数据分析人员做出错误的预测。

5.2.2 细分分析法

细分分析法是按照一定的参考标准,将整体数据细分为若干个数据,再进行内部分析与统计的一种分析方法。

在进行数据分析时,数据分析人员需要根据不同的维度对数据进行细分,在细分的过程中找出具有代表性的核心数据进行深入分析,从而得到更精准的数据分析结果。通常数据分析人员可以按照以下几个维度对数据进行细分。

- 区域:从区域的维度对数据进行细分,如针对用户集中区域进行人群属性的细分,可以快速、精准地获取主要用户群体相关信息。
- 时间:从时间的维度对数据进行细分,不同时间段会呈现出不同的数据,如根据数据分析用户每天流量内容的高峰时间段。
- 渠道:从渠道的维度对数据进行细分,如在分析成交转化率时,自主访问、付费推广、老用户推荐等不同渠道的成交转化率肯定是不一样的,可以针对不同渠道的用户制订不同的营销方案。
- 用户:从用户的维度对数据进行细分,不同用户群体的需求和属性是完全不同的。例如,抖音平台上不同性别用户对内容的偏好不同,男性用户通常更喜欢搞笑、游戏类短视频作品,而女性用户则通常更喜欢美妆、美食、种草类短视频作品。
- 行业:从行业的维度对数据进行细分,要想深入研究某一细分领域的核心数据,就需要对行业进行细分。

细分分析是一个比较复杂的过程,需要根据不同的切入点进行分类,而不同的切入点可能会产生不同的细分结果。因此,使用细分分析法时需要把握好切入点,以最佳切入点进行细分,才能得到比较精准的数据分析结果。

5.2.3 AB分析法

AB分析法是为实现同一个目标而制订A、B两个方案,A为目前方案,B为新方案,通过测试比较这两个方案所关注的重要数据,选择效果更好的方案。

例如,很多短视频运营者在账号运营的前期,为了明确短视频账号的内容方向,会同时创作并发布多类短视频作品,分别测试各类短视频作品的效果,通过对大量数据进行比较,最终选择出效果最好的短视频作品,将该类作品的内容作为账号的主攻方向。

5.2.4 漏斗分析法

漏斗分析法是一套科学的流程式分析模型，可以很直观地展示每个环节的情况，如转化情况、流失情况。漏斗分析的本质是通过数据流程的变化来控制结果，通过评估各个环节的数据情况，达到优化数据的目的。

漏斗分析法有以下 3 个重要作用。

- 快速发现问题，及时调整问题。
- 把问题具体化和细分化。
- 提高流量的价值和转化率。

漏斗分析法通常在分析商品的成交转化时使用较多，商品的成交转化流程如图 5-6 所示。

图5-6　商品的成交转化流程

但使用流程图只能掌握商品的成交转化流程，无法精准地判断商品具体的成交转化情况。这时就需要使用层次更分明的漏斗模型来分析商品的成交转化情况，如图 5-7 所示。

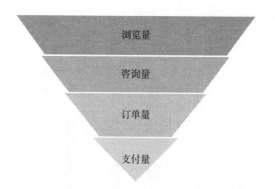

图5-7　使用漏斗模型分析商品的成交转化情况

5.2.5 聚类分析法

聚类分析法是将抽象的数据按照类似的对象进行分析的一种分析方法，该数据分析法能够挖掘数据更深层次的关联与含义。

聚类分析法主要用于对用户数据进行分析，通过大数据对用户进行追踪和深入挖掘，精准地找到用户之间相同或相近的属性，从而制订对应的运营策略。

用户聚类主要是以行为和属性来划分的，拥有共同行为属性的用户会被视为同一用户群体。例如，按照年龄对某抖音账号的粉丝进行属性分类，如图5-8所示。可以看到25~34岁这个年龄段的粉丝占比最高，达到了58%，说明这部分粉丝将会是运营者重点研究和维系的对象。

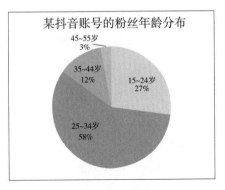

图5-8 某抖音账号的粉丝年龄分布

用户聚类分析的主要目的就是精准地定位用户群体，在后期运维和推广阶段，能够由点到面地开展营销活动，引起用户的归属感，形成群体营销，最大限度地降低推广成本。

5.2.6 直接评判分析法

直接评判分析法是数据分析人员根据经验直接评判数据好坏的一种分析方法。该分析方法主要应用于企业内部过往运营状况评估，如评估近期文章的阅读量是否过低或评估近期销量是否正常等。

例如，A企业新媒体部门邀请某带货达人于2022年1月20日在企业的抖音直播间进行了一场以新品推广为主的直播，并在直播前后对直播账号的粉丝量进行了统计，如图5-9所示。

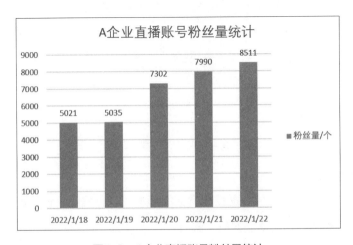

图5-9 A企业直播账号粉丝量统计

从图中可以看到，在直播前（1月20日前）账号的粉丝增长速度缓慢，一天只增长了十几个粉丝；而在直播当天（1月20日）粉丝量激增，一天就增长了2000多个粉丝。数据分析人员直接通过粉丝量的增长情况和趋势，就可以评估该场直播的效果。

> 运用直接评判分析法进行新媒体数据分析有两个前提条件，一是数据分析人员必须具备一定的新媒体运营经验，能够对跳出率、阅读量等数据指标有正确的评估；二是经过加工处理后的数据一定要直观，能够直接看出数据的优劣。

5.2.7 平均分析法

平均分析法是利用平均数据对数据进行比较分析的一种统计分析方法。平均数据是衡量总体数据在一定时间和地点条件下的综合指标，比总量指标更具有说服力，能够更好地帮助运营者预测新媒体运营发展趋势和规律。

平均数据包括算术平均值、几何平均值、对数平均值等，其中最常用的是算术平均值。算术平均值的计算公式为：算术平均值＝总体数据的总和 ÷ 数据个数。

例如，在分析某微信公众号阅读量时，可以借助 Excel 导出的数据快速找到阅读量高于平均值的文章，如图 5-10 所示。图中以红色填充的单元格表示阅读量高于平均值的文章，接下来运营者就可以继续挖掘这些文章的标题、排版、配图等规律，以提升后续文章的内容质量。

	A	B	C
1	文章	阅读量	
2	文章1	10985	
3	文章2	25091	
4	文章3	12215	
5	文章4	6909	
6	文章5	31701	
7			
8	平均值	8812.64	
9			

图5-10 文章阅读量平均值

5.2.8 矩阵分析法

矩阵分析法是利用数据定量分析问题的一种分析方法。在新媒体数据分析中，矩阵分析法可以将数据的两个重要指标作为横纵坐标轴，构成具有 4 个象限的矩阵图，然后再在 4 个象限中分析解决问题的方法。

例如，某餐饮企业利用矩阵分析法分析自己店铺的大众点评数据，将 4 个象限分为"紧急且重要""重要但不紧急""紧急但不重要""不紧急也不重要"4 类事项进行矩阵分析，并重点处理"紧急且重要"的事项，如图5-11所示。

图5-11 利用矩阵分析法分析大众点评数据

5.2.9 雷达图分析法

雷达图分析法是利用雷达图进行统计分析的一种方法，常用于指数分析。在新媒体数据分析中，通过雷达图分析法可以针对新媒体账号的内容质量、领域专注等不同维度进行客观的评分。分数越高，说明账号的质量越好。

例如，利用雷达图分析法对某今日头条账号的相关指数进行分析，如图5-12所示。从图中可以看到该头条号的原创度指数较高，传播度指数却相对较低，说明该头条号的传播能力较差，运营者应想办法提升账号和内容的传播能力。

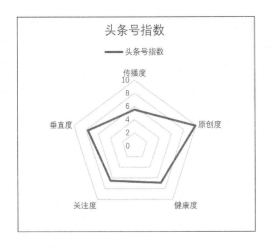

图5-12 利用雷达图分析法分析某今日头条账号的相关指数

5.2.10 回归分析法

回归分析法是通过研究事物发展变化的因果关系来预测事物发展走势的一种

定量预测方法。利用回归分析法预测数据的发展走势，需要先建立一个回归模型，并根据实际获得的数据求解模型中的各个参数，争取让回归数据可以拟合实际数据。如果回归数据和实际数据能够较好地拟合，该回归模型就能体现未来数据的发展走势。

在 Excel 中可以利用趋势线功能进行拟合，下面以预测某账号的涨粉趋势为例，对账号的累计粉丝数进行线性回归分析，具体操作步骤如下。

（1）将某账号近一周的粉丝数据（包含日期和累计粉丝数）整理到 Excel 工作表中，如图 5-13 所示。

图5-13 某账号近一周的粉丝数据

（2）选中这两列数据，单击"插入"选项卡，接着单击"图表"组中的"折线图"按钮插入一个折线图，如图 5-14 所示。

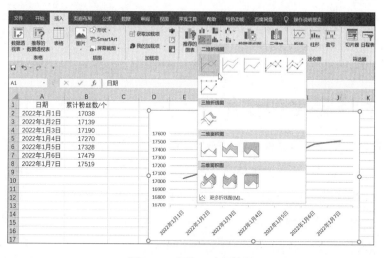

图5-14 插入一个折线图

（3）选中图表中的折线，单击鼠标右键，在弹出的快捷菜单中选择"添加趋势线"命令，如图 5-15 所示。

（4）此时图表中就会增加一条用虚线表示的趋势线，在页面右侧的"设置趋势线格式"窗格中可以选择趋势线的类型，这里选择的是"线性"趋势线，通过线性回归分析拟合出粉丝增长曲线，如图 5-16 所示。

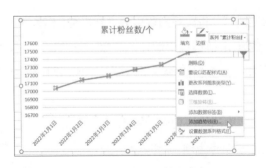

图5-15 选择"添加趋势线"命令

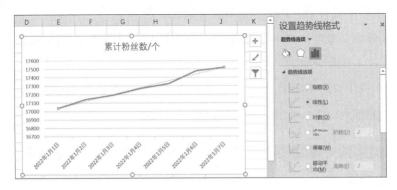

图5-16 粉丝增长曲线

5.3 新媒体数据建模与分析

新媒体数据建模与分析是整个新媒体数据分析过程的核心阶段，也是利用新媒体数据得出正确结论的关键环节。新媒体数据建模与分析通常分为两个部分，一个是新媒体文本数据分析，另一个是新媒体在线网络社交分析。

5.3.1 新媒体文本数据分析

在新媒体时代，文本是用户传播信息的主要媒介。新媒体文本数据分析又称为新媒体文本挖掘，是指通过对目标文本特征的选取和度量，挖掘和探索目标文本所反映的立场、观点和主题等，并将非结构化的文本数据转化为有实际意义的结构化数据，从而分析整个流程。新媒体文本数据分析主要包含4个基本内容：关键词提取、文本聚类分析、自动摘要和文本情感分析，如图5-17

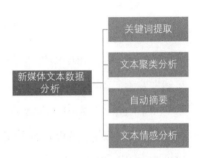

图5-17 新媒体文本数据分析的基本内容

所示。

1. 关键词提取

浏览、查找新媒体信息时，关键词能够快速帮助用户确定文本的主题，高度概括文本的内容，从而有效提升用户的浏览体验。关键词提取是通过分析词语在文本中的重要性指标，将用户感兴趣的关键词提取出来的一种文本数据分析方法。

关键词提取的第一步是分词处理，也就是事先设定一定的规则将连续的文本划分为一个个离散的词语。常用的分词方法主要有3种，分别是词典分词法（字符匹配、机械分词）、统计分词法（基于词语出现的频率进行分词）、语义分词法（通过机器学习进行分词），如图5-18所示。在分词的基础上通过一定的重要性指标筛选出词语，即可完成关键词的提取。

图5-18 常用的3种分词方法

在关键词提取时，常用的重要性指标有两个：词频和逆向文件频率。其中，词频是指某个特定的词语在该文本中出现的频率；逆向文件频率是对一个词语普遍重要性的度量，描述该词语在其他文本中出现的情况。

2. 文本聚类分析

文本聚类分析是对文本对象（或文档）进行聚类分析的一种文本数据挖掘方法，该方法能够寻找到与目标文本在特定维度下相似的文本。

在新媒体数据分析中，文本聚类分析不仅能概括文本内容的类型，还可以识别相似的文本内容。常用的文本聚类方法有层次聚类法、朴素贝叶斯聚类法、K-最近邻参照聚类法等。

3. 自动摘要

自动摘要是系统通过计算原文本中词语、句子等的重要性，自动提取原文本关键信息的一种摘要技术。

在新媒体平台中，各类数据的增长速度都非常快，因此，想要成功找到关键且符合需求的信息是非常困难的，自动摘要技术恰恰就是解决这一问题的重要方法之一。自动摘要技术能够根据原文本中句子及词语的分布权值,产生新的、简短的、关于原文本的概括性摘要,从而节省用户浏览信息的时间,降低用户浏览大量文本的成本。

4. 文本情感分析

在新媒体内容中充斥着大量的用户评论信息,这些内容包括用户的观点、情感倾向等。如果能够通过文本洞悉用户的观点、情感倾向,将会给舆情处理、用户体验、电子营销等各个领域带来巨大的帮助。

文本情感分析又称为意见挖掘或倾向性分析。简单而言,文本情感分析就是对带有情感色彩的主观性文本进行分析、处理、归纳和推理。

5.3.2 新媒体在线网络社交分析

新媒体有两个显著特征,一个是由用户创造内容;另一个是构建了强大的社交关系网络。新媒体平台依托互联网在为用户提供自由交流平台的基础上,也构建起了用户的社交关系网络。开展新媒体在线网络社交分析主要从中心性分析、虚拟社区和个人影响力3个方面入手,如图5-19所示。

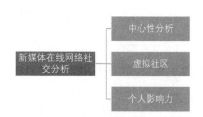

图5-19 新媒体在线网络社交分析的基本内容

1. 中心性分析

中心性是社交网络中的一个重要概念,常用于表示社交网络中节点的中心程度。在线社交网络由于其具有去中心化的特征,往往不能通过去除单个节点来改变网络的特性,所以中心性分析就显得非常重要了。通过中心性分析,运营者可以清楚地知道在线网络中一个节点或一个人在整个在线社交网络的中心程度,这个程度用数字表示就是中心度。

中心性根据不同的测定标准可以分为度中心性、接近中心度和中介中心度。其中,度中心性计算的是一个节点与其他节点直接连接的总和;接近中心度计算的是一个节点到其他所有节点的距离总和;中介中心度计算的是经过一个节点的最短路径的数量。

2. 虚拟社区

虚拟社区是在线社交网络中一个很常见的概念,是指由有共同爱好或共同目标的用户聚集而成的社区。针对新媒体的虚拟社区研究的一个重要内容就是虚拟社区发现，即利用聚类算法发现社交网络中的社区结构。虚拟社区发现可以服务于网络成分调研、资源推荐、舆情管理等。

3. 个人影响力

在新媒体在线社交网络中，存在着一群具有较高个人影响力的"明星人物"，他们是某个群体中的意见领袖。虽然在线社交网络具有去中心化的特征，但是网络红人、流量明星这类巨大网络节点同样存在，这些"网红节点"受到大量用户的喜欢，他们的行为能够引起社会的广泛关注，对整个在线社交网络的影响是不可忽视的。因此，如何在在线社交网络中度量一个节点的个人影响力非常重要。在线社交网络中的个人影响力可以通过在线用户之间的信息活动体现出来，具体表现为对用户的信息行为受其他用户影响发生改变的程度的度量。

课堂实训——使用漏斗图展示某微信公众号的客户转化率和流失率情况

漏斗分析法是利用漏斗图分析各运营环节的变化情况，以衡量数据重要程度的一种数据分析方法。通常，最重要的数据会被放置在漏斗图的最下方。

在进行新媒体数据分析时，数据分析人员可以通过漏斗图直观、清晰地展示新媒体账号的客户转化率和流失率情况，如图5-20所示。

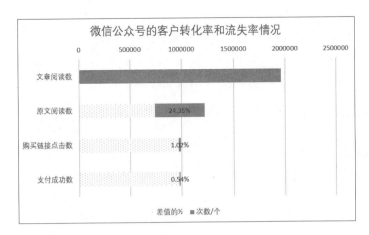

图5-20　漏斗图

图表中纵轴分别表示文章阅读数、原文阅读数、购买链接点击数和支付成功数；横轴表示具体的次数或人数。图表中的数据标签代表转化率，文章阅读数转化为原文阅读数的转化率为24.35%；原文阅读数转化为购买链接点击数的转化率为1.02%；购买链接点击数转化为支付成功数的转化率为0.54%。

通过图表中的一系列数据，可以清楚地知道客户通过微信公众号文章购买商品这个过程中每个环节的转化率和流失率情况。图表中，蓝色条形部分为每个环节的有效转化量，蓝色条形部分及其右侧空白部分为该环节的客户流失量，用百分比来表示就是转化率和流失率。下面介绍如何制作漏斗图。

（1）将制作图表所需的原始数据整理到Excel表格中，其中包括文章阅读数、原文阅读数、购买链接点击数和支付成功数等关键数据，如图5-21所示。

（2）对数据进行初步整理和加工，使数据简单明了，便于分析。以图5-21中的数据作为数据源，插入一个数据透视表，将"文章阅读数/次""原文阅读数/次""购买链接点击数/次""支付成功数/个"依次拖入"值"区域中，并将其汇总方式设置为求和；然后把"列"区域中的"数值"拖入"行"区域中，如图5-22所示。

	A	B	C	D	E	F
1	日期	文章阅读数/次	原文阅读数/次	购买链接点击数/次	支付成功数/个	
2	2021年1月	152310	38231	1723	823	
3	2021年2月	116990	10080	990	658	
4	2021年3月	171581	43097	1930	1117	
5	2021年4月	163342	41923	1852	982	
6	2021年5月	186943	68941	2500	1289	
7	2021年6月	191926	59801	1891	925	
8	2021年7月	161162	36310	1635	914	
9	2021年8月	159900	18436	1007	502	
10	2021年9月	138881	9945	701	391	
11	2021年10月	156849	35115	1811	978	
12	2021年11月	205429	99145	2955	1550	
13	2021年12月	156366	16554	985	554	
14						

图5-21 制作漏斗图的数据源

图5-22 插入数据透视表

（3）把数据透视表中的数据复制到新的工作表中，计算出制作漏斗图需要使用的差值和转化率，如图 5-23 所示。

项目	次数/个	差值的½	转化率
文章阅读数	1961679	0	
原文阅读数	477578	742050.5	24.35%
购买链接点击数	19980	970849.5	1.02%
支付成功数	10683	975498	0.54%

图5-23 整理数据透视表中的数据并计算差值和转化率

文章阅读数、原文阅读数、购买链接点击数和支付成功数这 4 个数据项之间的关系通常为：文章阅读数 > 原文阅读数 > 购买链接点击数 > 支付成功数。要使制作的漏斗图能够表示出转化率和流失率的情况及相应的差异，就需要分别计算原文阅读数、购买链接点击数、支付成功数与文章阅读数的差值。漏斗图是基于条形图创建的，计算出的差值均匀分布在漏斗图的两端，条形图只能展示差值的 1/2，因此这里需要计算的是文章阅读数与原文阅读数（购买链接点击数、支付成功数）之间的差值的 1/2。具体的计算公式如下。

文章阅读数差值的 1/2 =（文章阅读数 – 文章阅读数）÷ 2 =（1961679–1961679）÷ 2=0；

原文阅读数差值的 1/2 =（文章阅读数 – 原文阅读数）÷ 2 =（1961679–477578）÷ 2=742050.5；

购买链接点击数差值的 1/2 =（文章阅读数 – 购买链接点击数）÷ 2 =（1961679–19980）÷ 2=970849.5；

支付成功数差值的 1/2=（文章阅读数 – 支付成功数）÷ 2=（1961679–10683）÷ 2=975498。

转化率的计算也很简单，由于文章阅读数是第一组数据，它的转化率可以不用计算，其他环节的转化率 = 该环节的数值 ÷ 文章阅读数 ×100%，具体的计算公式如下。

原文阅读数的转化率 = 原文阅读数 ÷ 文章阅读数 ×100%=477578÷1961679×100%=24.35%；

购买链接点击数的转化率 = 购买链接点击数 ÷ 文章阅读数 ×100%=19980÷1961679×100%=1.02%；

支付成功数的转化率 = 支付成功数 ÷ 文章阅读数 ×100%=10683

÷1961679×100%=0.54%。

（4）选中 A1:C5 单元格区域，插入一个堆积条形图，如图 5-24 所示。在该图表中，蓝色部分为人数，橙色部分为差值。

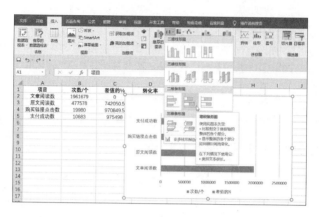

图5-24　插入堆积条形图

（5）选中图表中的垂直坐标轴区域，单击鼠标右键，在弹出的快捷菜单中选择"设置坐标轴格式"命令，如图 5-25 所示。

（6）工作表右侧弹出"设置坐标轴格式"窗格，在其中勾选"逆序类别"复选框，即可翻转图表的绘图区域，即垂直坐标轴中"文章阅读数"在最上面，"支付成功数"在最下面，如图 5-26 所示。

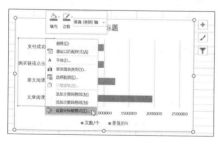

图5-25　选择"设置坐标轴格式"命令　　图5-26　翻转垂直坐标轴

（7）选中图表中的条形图区域，单击鼠标右键，在弹出的快捷菜单中选择"选择数据"命令，如图 5-27 所示。

（8）在弹出的"选择数据源"对话框中，单击"下移"按钮，把"图例项（系列）"区域下的"次数 / 个"往下移，然后单击"确定"按钮，如图 5-28 所示。

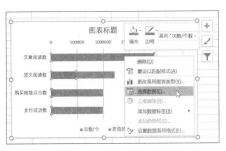

图5-27 选择"选择数据"命令　　　图5-28 "选择数据源"对话框

（9）为了更直观地查看转化率这一数据，可以在图表中添加转化率的数据标签。选中图表中的条形图区域，单击鼠标右键，在弹出的快捷菜单中选择"添加数据标签"命令，如图 5-29 所示。

（10）此时，图表中显示的数据标签为人数，需要把人数标签更换为转化率标签。再次选中图表中的条形图区域，单击鼠标右键，在弹出的快捷菜单中选择"设置数据标签格式"命令，如图 5-30 所示。

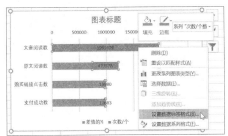

图5-29 选择"添加数据标签"命令　　图5-30 选择"设置数据标签格式"命令

（11）弹出"设置数据标签格式"窗格，在"标签选项"区域中勾选"单元格中的值"复选框，此时会弹出"数据标签区域"对话框，选择对应的数据标签区域（这里为 D2:D5 单元格区域），单击"确定"按钮，如图 5-31 所示。

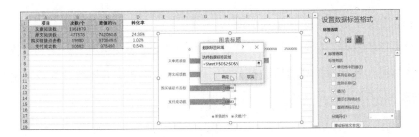

图5-31 设置数据标签格式

（12）在"设置数据标签格式"窗格的"标签选项"区域中取消勾选"值"复选框，然后关闭"设置数据标签格式"窗格，如图5-32所示。

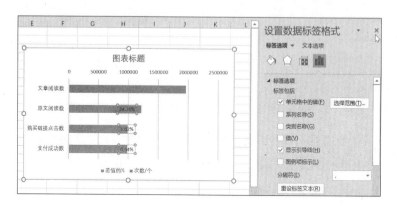

图5-32　取消勾选"值"

（13）将图表标题修改为"微信公众号的客户转化率和流失率情况"，一个带有转化率数据标签的漏斗图就制作完成了，如图5-33所示。

图5-33　漏斗图的最终效果

课堂小结

本章详细介绍了新媒体数据分析的思维和方法，以及新媒体数据建模与分析。通过对本章的学习，读者可以掌握新媒体数据分析的相关思维、方法和建模，利用这些知识开展具体的新媒体数据分析，帮助新媒体运营者解决新媒体运营的相关问题。

课后作业

1. 将今日头条账号最近 30 天发布的文章数据整理到 Excel 表格中,并使用平均分析法找出阅读量和点赞量高于平均值的文章。

2. 利用对比分析法,对某餐饮企业与其竞争对手的大众点评数据进行对比分析。

第6章 新媒体数据可视化

本章导读

新媒体数据可视化是新媒体数据分析基本流程中的最后一个环节，即对新媒体数据分析结果进行可视化呈现。有时数据分析的结果不是特别直观，尤其是数据较多时，十分不便于决策者和其他阅读者理解，此时数据分析人员就需要将数据分析的结果制作成简单明了的可视化图表，从而让数据更加直观，更便于阅读者理解。本章将详细讲解新媒体数据可视化的基本知识及新媒体数据可视化的应用。

本章学习要点

- 认识新媒体数据可视化
- 熟悉新媒体数据可视化的常用工具
- 掌握新媒体数据可视化图表的制作方法

6.1　认识新媒体数据可视化

新媒体数据可视化对于数据分析结果的呈现十分重要，简洁、直观的可视化图表往往能够起到“一图胜千言”的作用，可以有效帮助新媒体运营者掌握数据分析结果传递的重要信息，及时优化调整运营策略，以提高新媒体的运营效率。

6.1.1　新媒体数据可视化的含义

新媒体数据可视化是指将新媒体数据信息或分析结果制作成包含可视对象的图形（如点、线或条形等）进行信息传达的技术。新媒体数据可视化的目的在于向信息接收者清晰、有效地传达信息，使信息接收者能够更好地理解和使用数据信息。

数据可视化是一种十分重要的数据探索手段，它充分利用人们对视觉信息的快速处理能力，将复杂、抽象的数据通过图形化的手段有效地表达出来，准确高效、简洁全面地传递数据信息，甚至还能帮助信息接收者发现数据之间的关系和潜在规律。

数据可视化能够加深和强化信息接收者对于数据的理解和记忆。在进行数据分析时，很多数据分析人员会利用 Excel 进行数据处理和分析，但如果在呈现数据分析结果时，还是只利用 Excel 展示数据，信息接收者很难一眼看出数据之间的关系，也没有办法快速找到数据分析和展示的重点。例如，某新媒体账号 2021 年粉丝数统计表如图 6–1 所示，在这个表格中只能看到数据的简单罗列，很难从中找出数据的规律和特征。

	A	B	C
1	某新媒体账号2021年粉丝数统计表		
2	月份	粉丝数/个	
3	2021年1月	13231	
4	2021年2月	13290	
5	2021年3月	13551	
6	2021年4月	13542	
7	2021年5月	13643	
8	2021年6月	13656	
9	2021年7月	13616	
10	2021年8月	13596	
11	2021年9月	13681	
12	2021年10月	13749	
13	2021年11月	13812	
14	2021年12月	13867	
15			

图6–1　某新媒体账号2021年粉丝数统计表

如果将图 6–1 中的数据内容制作为可视化的图表，如图 6–2 所示，通过图表中数据系列的高低，就很容易看出数据的差异和变化趋势，从而有效地提高新媒体运营者获取信息的效率。

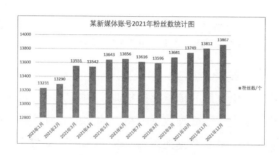

图6–2　某新媒体账号2021年粉丝数统计图

6.1.2 新媒体数据可视化的作用

新媒体数据可视化利用人们的视觉认知，准确、高效地传递数据信息，其作用主要体现在3个方面，如图6-3所示。

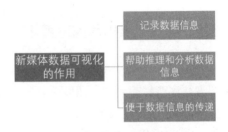

图6-3 新媒体数据可视化的作用

1. 记录数据信息

新媒体行业中每天都会产生大量的各种各样的数据信息，若单纯使用文字来记录这些数据信息，往往很难将数据信息的全貌或其间错综复杂的信息关联展示清楚。而新媒体数据可视化可以通过图形的方式有效记录新媒体数据信息，直观地展示这些复杂数据信息和其间关系。

数据可视化是一种很重要的数据表现形式，它使数据具有可读性、观赏性和直观性。通过数据可视化记录数据信息，能够更形象生动地将这些复杂的数据信息呈现出来，并且还能揭示出隐藏在这些数据信息背后的逻辑关系，以使信息接收者了解这些数据信息的本质。例如，2015—2021年的微信月活跃用户数统计如图6-4所示。通过该数据可视化图表，不需要过多的文字说明，我们就能够很直观地看到，相较于2015年，2021年的微信月活跃用户数增长了近1倍。

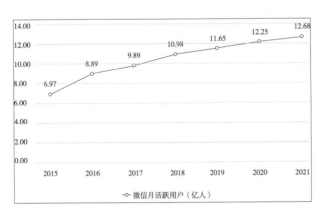

图6-4 2015—2021年的微信月活跃用户数统计

2. 帮助推理和分析数据信息

数据可视化可以提供直观的信息感知机制，利用大脑对视觉信息的快速处理能力，帮助人们形象、直观地处理数据分析时面临的各种问题。新媒体数据可视化能有效加强数据分析人员对数据的理解，从而帮助数据分析人员更好地推理和分析数据信息。

数据可视化在商业领域中的应用非常频繁，很多企业都会通过数据可视化向客户和投资者展示企业的经营状况，便于客户和投资者预测企业未来的发展趋势。例如，快手平台通过数据可视化图表展示了2021年快手全年总收入分布，如图6-5所示。快手平台通过简化数据，将分析结果转换成有价值的信息，可视化的呈现方式也使得用户能够更轻松地进行商业洞察。

图6-5　2021年快手全年总收入分布

3．便于数据信息的传递

数据可视化通过图形化的方式清晰准确地将数据信息传递给信息接收者，是传播和发布复杂数据信息的有效途径之一。数据可视化不仅能清楚地传递数据信息，还具有吸引信息接收者的注意力的作用，同时还能在一定程度上激发信息接收者的参与主动性，使他们能够参与数据信息的论证，或者提出数据修正意见等。

6.1.3　新媒体数据可视化的设计要点

数据可视化是一种非常重要的数据表现形式，能够有效传递隐藏在数据内容中的信息。要想创建美观且有效的新媒体数据可视化内容，需要从视觉设计、视图选择、信息密度筛选、数据墨水比例、可视化隐喻等方面入手进行设计。下面详细讲解新媒体数据可视化的设计要点。

1．美的视觉设计

新媒体数据可视化是一种视觉上的信息交流，应注重视觉效果的表达，使呈现出来的内容具有一定的美感。针对新媒体数据可视化的视觉设计，需要在构图、布局与色彩三方面遵循美学原理，如图6-6所示。

图6-6　新媒体数据可视化的视觉设计要点

（1）构图美

构图的美学原理主要体现在画面的稳定感上。有稳定感的画面可以使人们感到安定和舒适。画面的构图形状、视点的选择、构图的平衡感、色彩的平衡感等都会影响整个画面的稳定感。因此，在进行可视化构图时需要考虑设计元素的平衡属性，对画面进行合理组织和安排。

（2）布局美

新媒体数据可视化布局应遵循6个原则，如表6-1所示。遵循这些原则来进行可视化信息布局，将会对视觉交流和用户体验产生积极的影响，使用户一眼就能找到他们想要的内容，并一目了然地了解所看到的内容。

表6-1 新媒体数据可视化的布局原则

布局原则	具体阐述
邻近原则	邻近元素往往比放置得更远的元素更相关
相似原则	具有相似视觉特征的元素比不具有相似视觉特征的元素更相关
闭合原则	减少信息交流所需的元素数量，使得视觉噪声最小化，从而达到在小空间内强化概念的效果
简单原则	构图越复杂越难于被理解，简单的构图和元素能够使可视化信息更具有视觉感染力和冲击力
对称原则	对称设计能够带来视觉的和谐感和舒适感，有助于吸引用户的注意力，使其关注重要的信息
连续性原则	连续的元素会被认为是同组的信息，可以加强用户对分组信息的感知；若连续中断，则标志着新内容出现；连续性原则能够为画面带来秩序感，对用户有很好的引导作用

（3）色彩美

在新媒体数据可视化设计中，合理使用色彩可以增强视觉感知效果。可视化色彩的使用要考虑色彩情感，色彩情感是指不同波长的色彩的光信息通过视觉神经传入大脑后，经过思维与以往的记忆及经验产生联想，形成一系列的色彩心理反应。色彩情感可以通过不同的色彩搭配表现，利用不同的色彩搭配表达新媒体数据可视化设计主题风格，能够充分调动信息接收者的情感。

2. 正确的视图选择

新媒体数据可视化有一个重要的作用，就是将数据中隐藏的可视化故事讲述出来。因此，在设计新媒体数据可视化内容时，应根据叙述故事的要求，选择正确的视图。简单的可视化故事可以用一个基本的可视化视图展示，复杂的可视化故事可以规划多个视图，有层次、有顺序地展示数据包含的重要信息，表达相应的可视化故事。

提示 多视图可视化故事需要树立一个统一的主题,以确保设计的一致性。

新媒体数据可视化设计需要确保重要的数据不会被忽略。通常大家通过视觉都能很容易地分辨出线长、形状、方向和颜色(色调)的差异,因此可以通过仔细设计大小、颜色和对比度,将用户的注意力吸引到正确的数据点上。

视觉元素的移动应模仿人阅读的习惯(即从左上角到右上角,然后逐渐向下)进行设计。可以使用互补色来演示页面上的移动,这些互补色可以吸引信息接收者的目光。如果需要关注的数据内容比较多,可以通过相似的颜色、图表类型和元素来构建模式。模式的任何变化都会自然地吸引信息接收者的注意力和好奇心,使得对异常信息的传达变得更容易。

3. 合理的信息密度筛选

新媒体数据可视化展示的信息并不是越多越好。合理的信息展示量,加上主次分明的信息展示,能够更清晰地向信息接收者讲述可视化故事。

4. 最大化的数据墨水比例

数据墨水是指把数据可视化中所有显示的点分为数据和非数据显示。而图表设计的目标是在不影响数据表达的前提下,使数据与墨水的比例最大化,尽可能擦除非数据墨水。简单来说,就是在新媒体数据可视化中多使用数据表达,尽量减少文字说明。

5. 自然的可视化隐喻

新媒体数据可视化设计应体现出"以人为本"的思想,在利用数据讲述可视化故事时,将陌生的数据信息用信息接收者熟悉的事物进行隐喻,有助于增强信息接收者对故事的理解,在情感上也更容易使信息接收者产生共鸣。

可视化隐喻要显得自然而不突兀,本体与喻体之间要存在某种关联或相似性,并通过具象的模型来降低信息接收者的理解门槛,加深信息接收者对数据信息的印象。

6.2 新媒体数据可视化的常用工具

常用的数据分析软件,如 Excel、Python、SPSS 等均具有数据可视化功能,其中，Python 还拥有丰富的数据可视化函数和软件包，可以实现高级的数据可视化。但最容易上手，使用率最高的新媒体数据可视化工具还是非 Excel 莫属。Excel 中的图表功能可以利用数据生成各种图形，具有较好的视觉效果，能够使信息接收者直观地感受到数据的变化、影响因素及发展趋势等，是一款非常实用的数据可视化工具。在本章后面的"新媒体数据可视化的应用"节中将主要展示 Excel 可视化图表的应用，下面重点介绍 Excel 的图表功能。

1. Excel 图表的特点

Excel 图表主要具有直观形象、种类丰富、实时更新和二维坐标的特点，如图 6-7 所示。Excel 图表不仅可以对数据之间细微的、不易阅读的内容进行区分，还可以利用不同的图表类型表现数据之间的相对关系。例如，利用柱形图比较数据之间的多少关系，利用折线图反映数据之间的趋势关系，利用饼图表现数据之间的比例分配关系等。

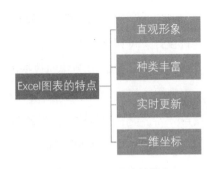

图6-7 Excel图表的特点

2. Excel 图表的作用

Excel 提供的图表类型非常丰富，不同的图表类型有不同的作用和适用范围。在新媒体数据分析中使用 Excel 图表，可以更好地揭示数据的规律，并增强数据的说服力。

（1）揭示数据的规律

通常，人们对图形信息的接收和处理能力远高于对文字与数字的接收和处理能力。因此，数据分析人员通过图表可以更直观地读取数据信息，从而更好地挖掘出隐藏在数据背后的内在规律。

例如，展示某新媒体网站 2021 年的访问量数据的柱形图如图 6-8 所示。通过该图表可以看到数据特征被明显放大，从柱形图中可以快速地知道，该新媒体网站的访问量在 5 月明显增加，访问量的高峰出现在 10 月。

（2）增强数据的说服力

新媒体数据分析工作是新媒体运营过程中的一个重要环节，而新媒体数据可视化的目的在于更好地向新媒体运营团队及运营人员展示数据分析的成果，便于他们了解企业新媒体运营的现状，及时调整与优化运营策略和方案。数据分析成果中包含数据分析人员对数据的理解和观点，为了更好地将数据分析的成果传递给运营团队及运营人员，数据分析人员需要借助图表这种直观、形象的图形数据来帮助自己说服他人接受自己的观点。

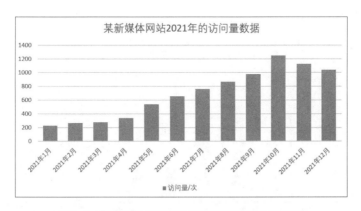

图6-8　某新媒体网站2021年的访问量数据柱形图

例如，某新媒体企业的数据分析人员针对旗下3款产品的用户数进行了统计分析，经过数据采集、数据清洗加工、数据处理和数据分析等环节，得出结论"A产品的用户数高于B产品和C产品"。如果只给出一个结论，并不能令运营人员或运营团队的其他成员信服，此时就需要通过图表将这个数据分析结论展示出来，如图6-9所示。当运营人员或运营团队的其他成员看到这个图表时，就能一目了然地知道A产品连续两年的用户数远高于B产品和C产品。

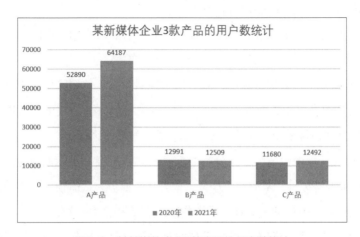

图6-9　某新媒体企业3款产品的用户数统计

3. Excel 图表的组成

一个完整的 Excel 图表主要由图表标题、坐标轴、绘图区、数据系列、网格线和图例等元素组成。虽然图表的种类有很多，但图表的组成元素大致都是相同的，下面以一张展示某直播间商品销量的柱形图为例，介绍 Excel 图表的组成元素，如图 6-10 所示。

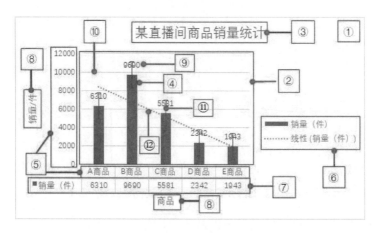

图6-10 展示某直播间商品销量的柱形图

① 图表区：在 Excel 中，图表是以一个整体的形式插入表格中的，这个区域称为图表区。图表区用于展示相应图表内容，既包含具体的图表，也包含图表相关的元素。

② 绘图区：图表区中显示图形的矩形区域，用于放置数据系列和网格线，表示数据的图形元素也会出现在该区域中。

③ 图表标题：图表的名称，用于说明图表内容。图表标题在图表区中以一个文本框的形式呈现，可以对其进行各种调整或修饰。

④ 数据系列：在数据区域中，同一列（或同一行）数据的集合构成一个数据系列，也就是图表中相关数据点的集合。图表中可以有一个或多个数据系列，多个数据系列之间通常采用不同的图案、颜色或符号进行区分。

⑤ 坐标轴：标识数值大小及分类的垂直线和水平线。坐标轴分为垂直坐标轴（Y 轴）和水平坐标轴（X 轴），垂直坐标轴（Y 轴）为数值轴，用于确定图表中数值的刻度；水平坐标轴（X 轴）为分类轴，主要用于显示文本标签。

⑥ 图例：用于指示图表中数据系列的符号、颜色或形状。定义数据系列所代

表的内容。图例包括图例标示和图例项两部分内容，其中，图例标示代表数据系列的图案，即不同颜色的小方块；图例项是与图例标示对应的数据系列名称，一种图例标示只能对应一种图例项。只有一个数据系列时，可以不添加图例。

⑦ 数据表：图表中的表格，用于显示各个数据项的明细值。

⑧ 坐标轴标题：用于显示坐标轴名称，即显示 Y 轴和 X 轴分别代表什么内容。如果通过项目名称可以轻松判断出坐标轴对应的是什么数据，在不影响图表解读的情况下，也可以不添加坐标轴标题。但双坐标图表中有两个 Y 轴，此时如果不添加坐标轴标题，就很难知道两个坐标轴分别代表什么数据。

⑨ 数据标签：在各数据系列数据点上可以标注出该系列数据的具体数值和名称，即数据标签。

⑩ 网格线：贯穿绘图区的线条，分为垂直网格线和水平网格线，起引导作用，可以帮助阅读者找到数据项目对应的 X 轴和 Y 轴坐标，从而更准确地判断数据大小。

⑪ 误差线：图表中用于显示数据误差范围的辅助线。

⑫ 趋势线：图表中用于显示数据趋势的线条。

6.3 新媒体数据可视化的应用

新媒体数据可视化一般会通过各种各样的图表来表示，前文中简单介绍了最常用的新媒体数据可视化工具——Excel 图表，下面展示 Excel 中各类图表的具体应用。

Excel 图表的类型非常丰富，在"插入图表"对话框中可以看到，共有 15 大类图表，每类图表下还可以细分出多种图表样式，如图 6-11 所示。在实际的数据分析工作中，最常用的图表类型主要有 5 种，分别是饼图、柱形图、折线图、散点图和条形图，其他的图表样式基本都是在这 5 种图表类型的基础上演变而成的。下面将展示这 5 种基本图表类型的应用。

6.3.1 使用饼图展示某企业各新媒体账号的粉丝数占比情况

在 Excel 图表中，饼图主要用于展示数据系列的构成和占比情况。例如，使用饼图展示某企业各新媒体账号的粉丝数占比情况，该企业各新媒体账号的粉丝数统计表如图 6-12 所示。通过比较该企业各新媒体账号的粉丝数，可以分析出该企业的哪个新媒体渠道最受欢迎，从而对粉丝数占比较多的新媒体渠道进行重点运营。

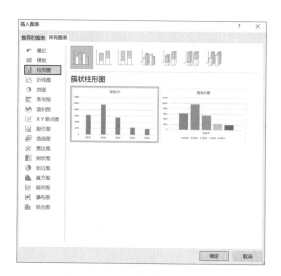

图6-11　Excel图表的类型

图6-12　某企业各新媒体账号的粉丝数统计表

使用饼图展示某企业各新媒体账号的粉丝数占比情况，具体操作步骤如下。

（1）选中表格中需要生成图表的数据区域，单击"插入"选项卡，接着单击"图表"组中的"饼图"按钮，插入一个饼图，如图6-13所示。

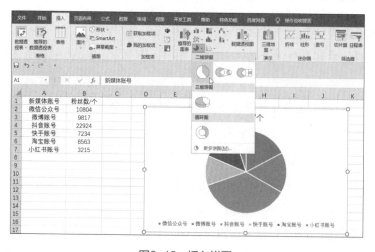

图6-13　插入饼图

（2）此时工作表中生成了一个基本的饼图，如图6-14所示，但从该饼图中不能很直观地看出哪个扇形区域代表哪个新媒体账号，各新媒体账号的粉丝数占比是多少，因此还需要对饼图进行一些调整。

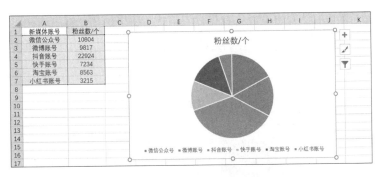

图6-14 基本的饼图效果

（3）想要使图表更清晰明了，可以在饼图上添加具体的数据标签。选中饼图，单击鼠标右键，在弹出的快捷菜单中选择"添加数据标签"命令，即可将每个新媒账号的粉丝数显示出来，如图6-15所示。

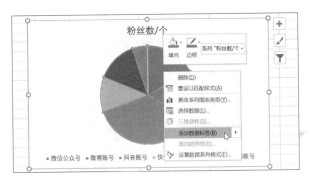

图6-15 选择"添加数据标签"命令

（4）再次选中饼图，单击鼠标右键，在弹出的快捷菜单中选择"设置数据标签格式"命令，如图6-16所示。

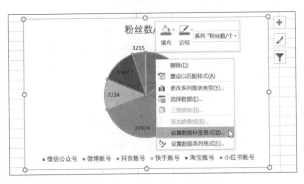

图6-16 选择"设置数据标签格式"命令

（5）工作表右侧弹出"设置数据标签格式"窗格，在"标签选项"区域中取消勾选"值"复选框，勾选"类别名称"和"百分比"复选框，然后单击"关闭"按钮，如图6-17所示。

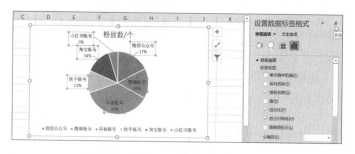

图6-17　"设置数据标签格式"窗格

（6）更改图表标题，选中图表标题，输入新标题"某企业各新媒体账号的粉丝数占比情况"，调整后的饼图效果如图6-18所示。

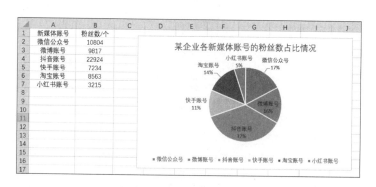

图6-18　调整后的饼图效果

6.3.2　使用柱形图展示某直播间商品的销量高低

在Excel图表中，柱形图主要用于表示某一时间段内数据的变化情况或比较各项数据之间的差异。下面以某直播间商品的销量统计表为例，使用柱形图展示该直播间商品的销量高低，具体操作步骤如下。

（1）选中表格中需要生成图表的数据区域，单击"插入"选项卡，接着单击"图表"组中的"柱形图"按钮，插入一个柱形图，如图6-19所示。

（2）在柱形图上添加具体的数据标签，选中柱形图区域，单击鼠标右键，在弹出的快捷菜单中选择"添加数据标签"命令，即可把各商品的销量数据显示出来，如图6-20所示。

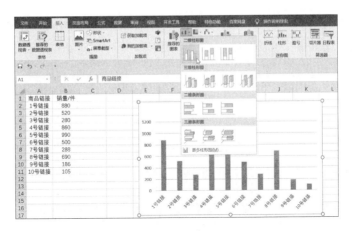

图6-19 插入柱形图

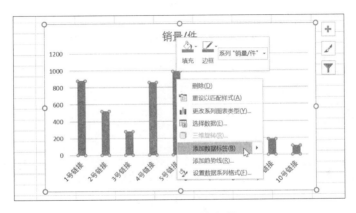

图6-20 添加数据标签

（3）更改图表标题为"某直播间商品的销量对比"，最后查看设置完成后的柱形图效果，如图6-21所示。

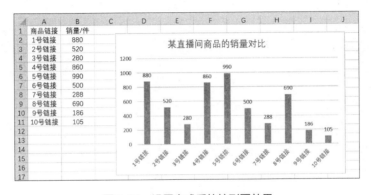

图6-21 设置完成后的柱形图效果

6.3.3 使用折线图展示某新媒体账号2021年的运营收入变化趋势

在 Excel 图表中，折线图适用于展示在相等时间间隔下数据的变化趋势，从时间维度分析各项数据的历史变化和未来趋势。下面以某新媒体账号 2021 年的运营收入作为数据源，使用折线图展示该新媒体账号 2021 年的运营收入变化趋势，具体操作步骤如下。

（1）选中表格中需要生成图表的数据区域，单击"插入"选项卡，接着单击"图表"组中的"折线图"按钮，插入一个折线图，如图 6-22 所示。

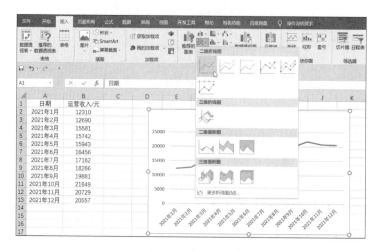

图6-22　插入折线图

（2）更改图表标题为"某新媒体账号 2021 年的运营收入变化趋势"，查看折线图的效果，如图 6-23 所示。从折线图中可以明显看出，该新媒体账号 2021 年的运营收入整体呈上升趋势，其中 10 月、11 月、12 月的运营收入均超过 20000 元。

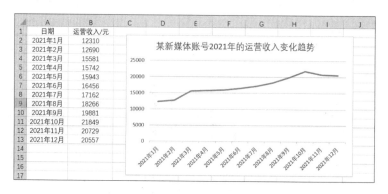

图6-23　插入折线图的效果

6.3.4 使用散点图展示某新媒体账号的作品展现量和阅读量情况

在 Excel 图表中,散点图和折线图类似,用于展示一个或多个数据系列在某种条件下的变化趋势。与折线图相比,散点图除了用于显示数据的变化趋势,更多的是用于分析数据之间的相关性和分布特性。

下面以某新媒体账号的作品展现量和阅读量数据为例(如图 6-24 所示),使用散点图展示某新媒体账号的作品展现量和阅读量情况,具体操作步骤如下。

	A	B	C	D
1	作品	展现量/次	阅读量/次	
2	作品1	13890	589	
3	作品2	12091	327	
4	作品3	8680	267	
5	作品4	6798	166	
6	作品5	5077	115	
7	作品6	9568	181	
8				

图6-24 某新媒体账号的作品展现量和阅读量数据

(1)选中展现量和阅读量数据所在的区域(即 B1:C7 单元格区域),单击"插入"选项卡,接着单击"图表"组中的"散点图"按钮,插入一个散点图,如图 6-25 所示。

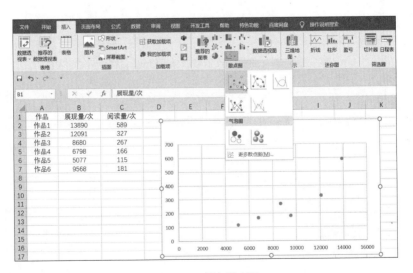

图6-25 插入散点图

(2)选中图表中任意一个散点,单击鼠标右键,在弹出的快捷菜单中选择"添加数据标签"命令,为每一个散点添加数据标签,如图 6-26 所示。

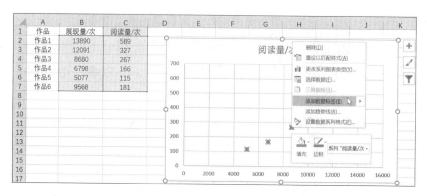

图6-26 选择"添加数据标签"命令

(3)再次选中图表中任意一个散点,单击鼠标右键,在弹出的快捷菜单中选择"设置数据标签格式"命令,如图6-27所示。

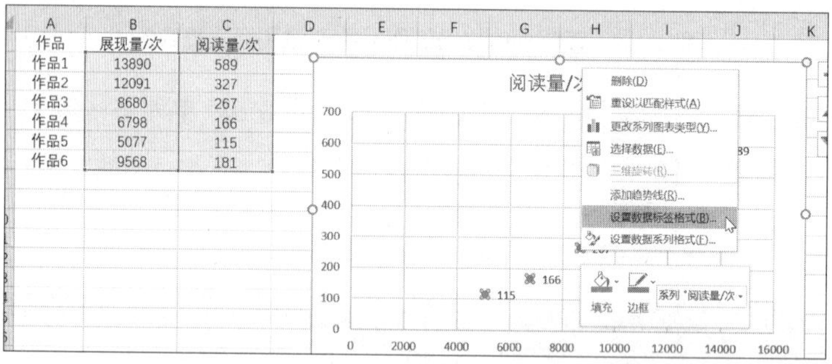

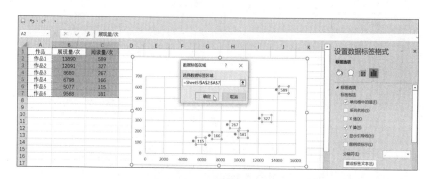

图6-27 选择"设置数据标签格式"命令

(4)工作表右侧弹出"设置数据标签格式"窗格,在"标签选项"区域中勾选"单元格中的值"复选框,此时会弹出"数据标签区域"对话框,选择对应的数据标签区域(这里为A2:A7单元格区域),单击"确定"按钮,如图6-28所示。

图6-28 设置数据标签格式

（5）为了使图表更加美观，还可以在"设置数据标签格式"窗格的"标签选项"区域中取消勾选"Y值"复选框，然后将图表标题修改为"某新媒体账号的作品展现量和阅读量情况分析"，最终的散点图效果如图6-29所示。

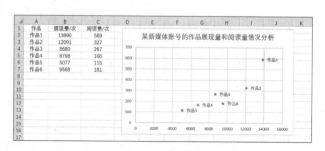

图6-29　最终的散点图效果

6.3.5　使用条形图展示某新媒体网店近一周的访问量情况

在Excel图表中，条形图主要用于比较不同数据之间的差异情况。条形图的外观与柱形图非常相似，只是一个是横向展示，一个是纵向展示。以某新媒体网店近一周（即3月7—13日）的访问量情况统计表作为数据源，使用条形图展示该网店近一周的访问量情况，具体操作步骤如下。

（1）选中表格中需要生成图表的数据区域，单击"插入"选项卡，接着单击"图表"组中的"条形图"按钮，插入一个条形图，如图6-30所示。

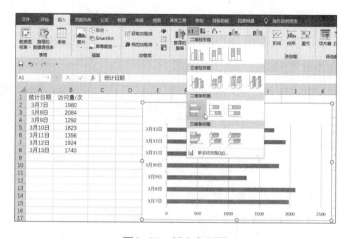

图6-30　插入条形图

（2）更改图表标题为"某新媒体网店近一周的访问量情况统计"，最后查看条形图的整体效果，如图6-31所示。

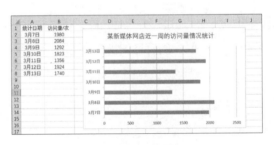

图6-31 插入条形图的整体效果

课堂实训——Excel特殊图表样式的应用

在Excel图表中，除了5种常见的基本图表类型，还有一些特殊的图表样式。下面展示两种特殊图表样式在新媒体数据分析中的应用。

1. 使用双坐标图展示直播观看人数和直播销量的趋势

在进行新媒体数据分析时，数据的关联性分析非常重要。以某直播间的观看人数和直播销量数据为例，如图6-32所示。在分析直播数据时，如果要分析不同直播场次的观看人数和直播销量的趋势及它们之间的关联，就需要使用双坐标图来展示数据。

使用双坐标图展示观看人数和直播销量的趋势的具体操作步骤如下。

（1）在Excel工作表中，选中所有数据区域，然后单击"插入"选项卡，接着单击"表格"组中的"数据透视表"按钮，如图6-33所示。

（2）弹出"来自表格或区域的数据透视表"对话框，确认选择的表或区域是否正确，并选择放置数据透视表的位置，一般默认选择"新工作表"，然后单击"确定"按钮，如图6-34所示。

	A	B	C
1	直播场次	观看人数/个	直播销量/件
2	3月1日	21536	408
3	3月2日	18322	279
4	3月3日	16523	239
5	3月4日	17641	166
6	3月5日	25804	597
7	3月6日	18556	367
8	3月7日	20264	380
9	3月8日	31021	625
10	3月9日	15016	154
11	3月10日	23367	350

图6-32 某直播间的观看人数和直播销量数据

图6-33 单击"数据透视表"按钮

第 6 章　新媒体数据可视化　137

图6-34　"来自表格或区域的数据透视表"对话框

（3）自动跳转到新的工作表中，此时工作表右侧会出现"数据透视表字段"窗格，将"直播场次"字段拖入"行"区域中；将"观看人数/个"和"直播销量/件"字段拖入"值"区域中，并将其汇总方式设置为"求和"，如图6-35所示。

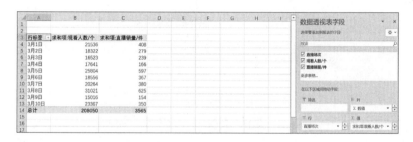

图6-35　设置数据透视表字段

（4）在创建好的数据透视表中，单击"插入"选项卡，接着单击"图表"组中的"折线图"按钮，插入一个折线图，如图6-36所示。

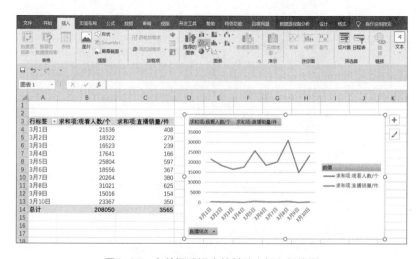

图6-36　在数据透视表的基础上插入折线图

通过图6-36我们可以看到观看人数的变化趋势，而直播销量的变化趋势却无法准确地在折线图中展示出来。这是因为观看人数最高能达到3万人，但是直播销量最高只有600多人，二者差距太大，放在同一个图表中无法查看和对比。如果要在同一个图表中同时展示这两项数据，就需要使用双坐标图。

（5）选中图表中的任意一条折线，单击鼠标右键，在弹出的快捷菜单中选择"更改系列图表类型"命令，如图6-37所示。

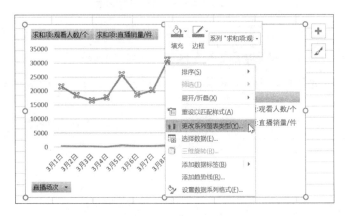

图6-37 选择"更改系列图表类型"命令

（6）在弹出的"更改图表类型"对话框中，选择"组合图"，在直播销量后面勾选"次坐标轴"复选框，并将其图表类型设置为"簇状柱形图"，如图6-38所示。

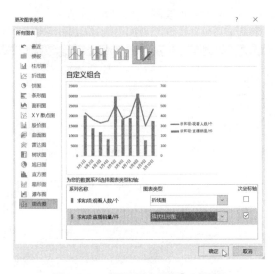

图6-38 "更改图表类型"对话框

（7）单击"确定"按钮后，即可清楚地看到图表中有两个坐标轴和两种图标类型，如图 6-39 所示。其中，蓝色的折线和左侧的坐标轴代表观看人数的数据；橙色的柱形和右侧的坐标轴代表直播销量的数据。

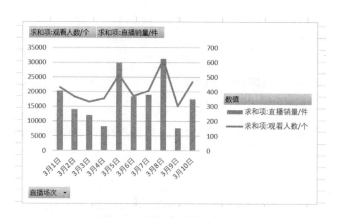

图6-39 双坐标图的最终效果

2. 使用波士顿矩阵图展示各新媒体营销渠道的成交额占比和环比增长率情况

很多企业都会同时在多个新媒体平台上销售自己的产品，希望借助新媒体的热度和流量实现盈利。不同的新媒体平台有不同的特点，取得的营销效果也会有所不同。在新媒体运营的过程中，运营者需要根据不同的新媒体平台的营销效果，调整企业的新媒体营销布局，以保证企业能在新媒体运营中实现利益最大化。

波士顿矩阵图是一种规划企业产品组合的图表，能够有效地对企业的产品结构或新媒体营销布局进行分析。数据分析人员可以利用波士顿矩阵图分析企业各个新媒体营销渠道的成交额占比和环比增长率情况，从而找到盈利能力较强的新媒体营销渠道进行重点运营。

下面以某企业各新媒体营销渠道 2020 年和 2021 年的成交额占比数据为例（如图 6-40 所示），使用波士顿矩阵图展示各新媒体营销渠道的成交额占比和环比增长率情况。

（1）在表格中的 D 列增加一列"环比增长率"，并计算 2021 年成交额的环比增长率，2021 年成交额的环比增长率 =（2021 年成交额占比 –2020 年成交额占比）÷ 2020 年成交额占比。选中 D4 单元格，输入公式"=(C4–B4)/B4"，如图 6-41 所示。

	A	B	C	D	E
1-2	各新媒体营销渠道2020年和2021年的成交额占比情况				
3	新媒体平台	2020年	2021年		
4	微信	9.56%	7.84%		
5	微博	5.12%	3.88%		
6	抖音	19.61%	22.19%		
7	快手	7.15%	9.95%		
8	淘宝	24.59%	26.29%		
9	京东	13.55%	10.72%		
10	拼多多	13.39%	12.89%		
11	美团	3.81%	3.51%		
12	小红书	1.76%	1.46%		
13	今日头条	1.46%	1.27%		
14					

图6-40　某企业各新媒体营销渠道2020年和2021年的成交额占比数据

SUM　=(C4-B4)/B4

	A	B	C	D	E
1-2	各新媒体营销渠道2020年和2021年的成交额占比情况				
3	新媒体平台	2020年	2021年	环比增长率	
4	微信	9.56%	7.84%	=(C4-B4)/B4	
5	微博	5.12%	3.88%		
6	抖音	19.61%	22.19%		
7	快手	7.15%	9.95%		
8	淘宝	24.59%	26.29%		
9	京东	13.55%	10.72%		
10	拼多多	13.39%	12.89%		
11	美团	3.81%	3.51%		
12	小红书	1.76%	1.46%		
13	今日头条	1.46%	1.27%		
14					

图6-41　输入公式

（2）按“Enter”键得出计算结果，并快速填充 D5:D13 单元格区域的公式，如图 6–42 所示。

D4　=(C4-B4)/B4

	A	B	C	D	E
1-2	各新媒体营销渠道2020年和2021年的成交额占比情况				
3	新媒体平台	2020年	2021年	环比增长率	
4	微信	9.56%	7.84%	-17.99%	
5	微博	5.12%	3.88%	-24.22%	
6	抖音	19.61%	22.19%	13.16%	
7	快手	7.15%	9.95%	39.16%	
8	淘宝	24.59%	26.29%	6.91%	
9	京东	13.55%	10.72%	-20.89%	
10	拼多多	13.39%	12.89%	-3.73%	
11	美团	3.81%	3.51%	-7.87%	
12	小红书	1.76%	1.46%	-17.05%	
13	今日头条	1.46%	1.27%	-13.01%	
14					

图6-42　填充公式

（3）选中 C 列和 D 列的数据区域，插入一个散点图，如图 6–43 所示。

	A	B	C	D
1-2	各新媒体营销渠道2020年和2021年的成交额占比情况			
3	新媒体平台	2020年	2021年	环比增长率
4	微信	9.56%	7.84%	-17.99%
5	微博	5.12%	3.88%	-24.22%
6	抖音	19.61%	22.19%	13.16%
7	快手	7.15%	9.95%	39.16%
8	淘宝	24.59%	26.29%	6.91%
9	京东	13.55%	10.72%	-20.89%
10	拼多多	13.39%	12.89%	-3.73%
11	美团	3.81%	3.51%	-7.87%
12	小红书	1.76%	1.46%	-17.05%
13	今日头条	1.46%	1.27%	-13.01%
14-17				

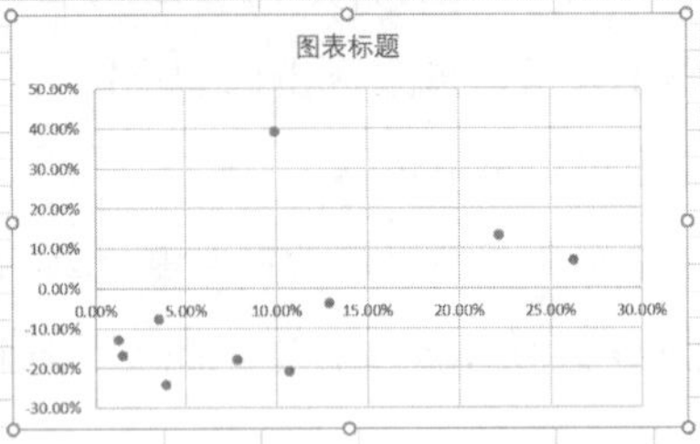

图6-43　插入散点图

提示

在选择数据区域时，只需选择数值部分，不需要选择字段名部分，本例中选择 C4:D13 单元格区域即可。

为了更清晰直观地展示这两组数据，可以调整散点图的坐标轴为四个象限的效果。为 2021 年成交额占比数据和环比增长率各设一个平均值，高于 2021 年成交额占比平均值的数据在第一、四象限，反之则在第二、三象限；高于环比增长率平均值的数据在第一、二象限，反之则在第三、四象限。

（4）在工作表中选中任意两个空白单元格，输入公式“=AVERAGE(C4:C13)”，计算 2021 年成交额占比的平均值；输入公式“=AVERAGE(D4:D13)”，计算 2021 年成交额环比增长率的平均值，如图 6–44 所示。

D16　=AVERAGE(D4:D13)

各新媒体营销渠道2020年和2021年的成交额占比情况

新媒体平台	2020年	2021年	环比增长率
微信	9.56%	7.84%	-17.99%
微博	5.12%	3.88%	-24.22%
抖音	19.61%	22.19%	13.16%
快手	7.15%	9.95%	39.16%
淘宝	24.59%	26.29%	6.91%
京东	13.55%	10.72%	-20.89%
拼多多	13.39%	12.89%	-3.73%
美团	3.81%	3.51%	-7.87%
小红书	1.76%	1.46%	-17.05%
今日头条	1.46%	1.27%	-13.01%
2021年成交额占比的平均值			10.00%
2021年成交额环比增长率的平均值			-4.55%

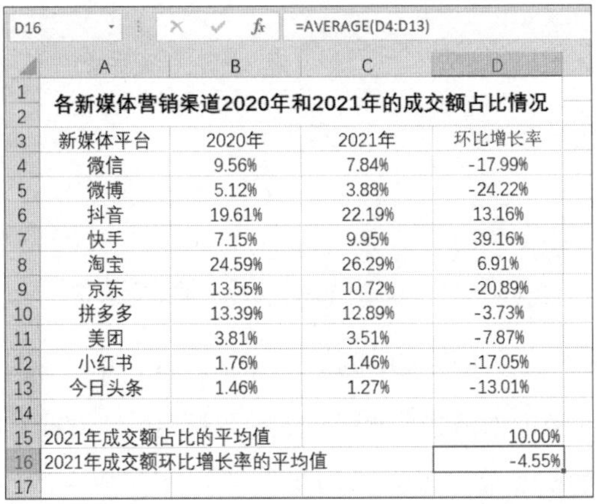

图6-44　计算2021年成交额占比的平均值和2021年成交额环比增长率的平均值

（5）选中图表中的横坐标轴区域，单击鼠标右键，在弹出的快捷菜单中选择“设置坐标轴格式”命令，如图 6–45 所示。

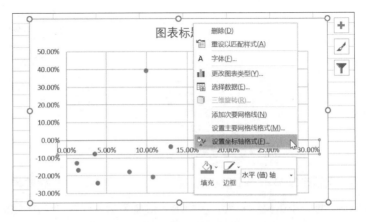

图6-45　选择“设置坐标轴格式”命令

（6）工作表右侧弹出"设置坐标轴格式"窗格，在"纵坐标轴交叉"区域中，选中"坐标轴值"单选按钮，并输入横坐标与纵坐标的交叉值。因为2021年成交额占比的平均值为10.00%，所以将横坐标与纵坐标的交叉值设置为0.1，这里输入"坐标轴值"为"0.1"，如图6-46所示。

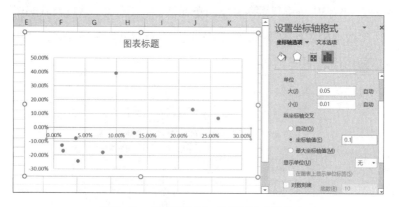

图6-46　设置横坐标与纵坐标的交叉值

（7）按同样的方法选中图表中的纵坐标轴区域，单击鼠标右键，在弹出的快捷菜单中选择"设置坐标轴格式"命令，然后在弹出的"设置坐标轴格式"窗格中，将纵坐标与横坐标的交叉值设置为"–0.05"（2021年成交额环比增长率的平均值为–4.55%），如图6-47所示。

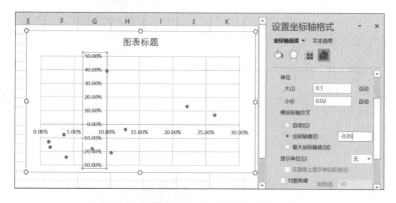

图6-47　设置纵坐标与横坐标的交叉值

（8）为了更清晰地显示每个散点，还需要对散点图进行细化，删除坐标的标签。选中横坐标轴区域，单击鼠标右键，在弹出的快捷菜单中选择"设置坐标轴格式"命令；接着在弹出的"设置坐标轴格式"窗格中，将"标签位置"设置为"无"，如图6-48所示。

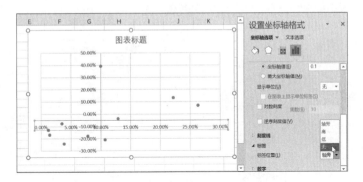

图6-48 删除横坐标轴的标签

（9）按照同样的方法，删除纵坐标轴的标签，效果如图6-49所示。

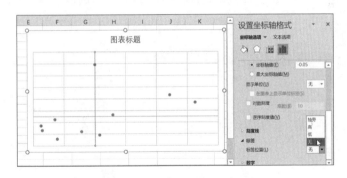

图6-49 删除纵坐标轴的标签

（10）选中网格区域中的任意一条横线，单击鼠标右键，在弹出的快捷菜单中选择"设置网格线格式"命令，如图6-50所示。

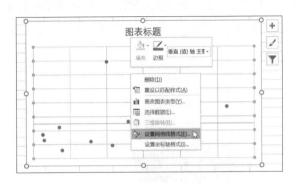

图6-50 选择"设置网格线格式"命令

（11）在弹出的"设置主要网格线格式"窗格中，选择"线条"区域中的"无线条"单选按钮，即可删除网格线中的横线，如图6-51所示。

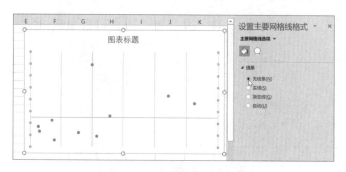

图6-51　删除网格线中的横线

（12）按照同样的方法删除网格线中的竖线，删除网格线后的效果如图6-52所示。

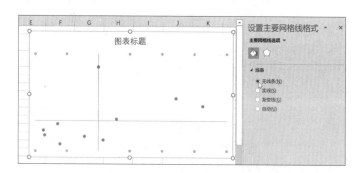

图6-52　删除网格线中的竖线

（13）选中图表中任意一个散点，单击鼠标右键，在弹出的快捷菜单中选择"添加数据标签"命令，即可为所有散点添加数据标签，如图6-53所示。

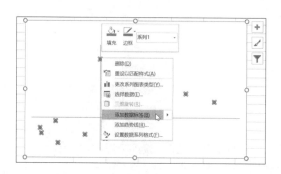

图6-53　选择"添加数据标签"命令

(14)再次选中图表中任意一个散点,单击鼠标右键,在弹出的快捷菜单中选择"设置数据标签格式"命令,如图 6-54 所示。

图6-54 选择"设置数据标签格式"命令

(15)弹出"设置数据标签格式"窗格,在"标签选项"区域中勾选"单元格中的值"复选框,此时会弹出"数据标签区域"对话框,选择对应的数据标签区域(这里为 A4:A13 单元格区域),单击"确定"按钮,如图 6-55 所示。

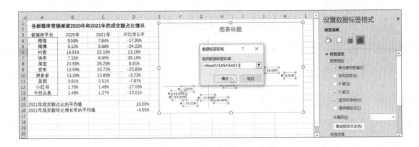

图6-55 设置数据标签格式

(16)为了使图表更加美观,在"设置数据标签格式"窗格中的"标签选项"选项卡中取消勾选"Y 值"复选框,如图 6-56 所示。

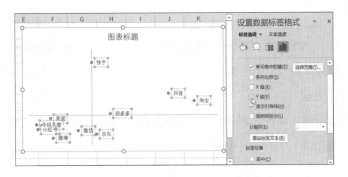

图6-56 取消勾选"Y值"复选框

（17）插入相应的象限文本，并修改图表标题。波士顿矩阵图的最终效果如图6-57所示。

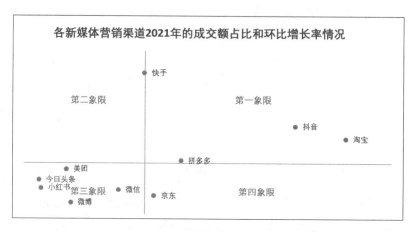

图6-57　波士顿矩阵图的效果

位于第一象限的新媒体营销渠道，其成交额占比和增长率都比较高，是企业当前需要重点关注和运营的新媒体营销渠道；位于第二象限的新媒体营销渠道，其成交额占比较低，但环比增长率比较高，运营者可以继续观察第二象限的新媒体营销渠道，这些新媒体营销渠道有可能会成为企业下一阶段的主要营销渠道；位于第三象限的新媒体营销渠道，其成交额占比和增长率都比较低，建议运营者减少在这些新媒体营销渠道中的投入，或者适当放弃一部分位于第三象限的新媒体营销渠道；位于第四象限的新媒体营销渠道，其成交额占比较高，但环比增长率比较低，同样建议运营者适当减少在这部分新媒体营销渠道中的投入。

课堂小结

本章详细介绍了新媒体数据可视化的相关知识，包括新媒体数据可视化的含义、作用、设计要点及新媒体数据可视化的常用工具，同时还以Excel图表为例，讲解了新媒体数据可视化的应用。通过对本章的学习，读者可以了解新媒体数据可视化的基础知识，掌握新媒体数据可视化的基本要领，使用Excel图表展示新媒体数据分析结果。

课后作业

1. 请简述各类常用图表的适用情况。
2. 选择一种合适的可视化图表展示 2021 年今日头条账号的流量情况,并对图表进行简要的分析和说明。

第 7 章 新媒体数据分析实战指南

本章导读

在新媒体运营过程中每天都会产生大量的数据，进行数据分析能够有效提升新媒体运营的效率。本章将从淘宝网店、微信公众号、微博、今日头条、抖音等主流新媒体平台入手，结合这些新媒体平台的数据特征，利用第三方数据分析工具或这些新媒体平台自带的数据分析功能，详细讲解新媒体数据分析的实战技能。

本章学习要点

- 掌握淘宝网店数据分析的方法和技巧
- 掌握微信公众号数据分析的方法和技巧
- 掌握微博数据分析的方法和技巧
- 掌握今日头条数据分析的方法和技巧
- 掌握抖音号数据分析的方法和技巧

7.1 淘宝网店数据分析

淘宝网是国内发展较早的电子商务平台之一，也是当下十分热门的新媒体平台。在以淘宝为首的电商领域，数据分析及数据化运营发挥着至关重要的作用，通过精准的数据分析能够有效实现电商企业的精细化运营，从而帮助平台商家更好地获利。

7.1.1 市场容量分析

市场容量分析是电商运营者发现和掌握产品市场运行规律的必需步骤，对网店整体的运营和规划具有决定性作用。在电商平台开店，可经营的商品数不胜数，但并非每样商品都能为商家带来可观的收益。因此，商家必须掌握一定的市场分析能力，对商品的市场容量和市场竞争等情况进行精准的数据分析，才能快速找到需求量大且适合自己网店的商品进行销售。

在进入一个行业之前，首先需要对该行业的市场容量进行分析。分析和研究行业的市场容量，可以对该行业的市场规模进行大致的预判，便于商家制订明确的经营目标，更好地进行网店的推广与运营。下面将按照数据分析操作的整个流程对箱包行业的市场容量进行分析。

1. 明确市场容量分析的目标与内容框架

箱包行业包含多个子行业，这里主要针对箱包各子行业商品的市场容量进行分析。明确分析目标和分析内容框架是数据分析的第一个步骤，如要分析箱包各子行业商品的市场容量，其分析目标为箱包行业各子行业的市场容量分布情况。

在分析箱包行业各子行业市场容量的过程中，数据分析人员首先要通过一些数据工具采集箱包行业每个子行业商品的成交数据；然后将采集到的数据进行相应的加工和处理；接着通过饼图的形式对数据进行展示；最后对具体数据进行具体分析，不能只看绝对数。

2. 采集市场容量分析所需数据

分析箱包行业各子行业的市场容量，需要采集的数据是箱包行业各子行业商品的成交数据。采集子行业商品成交数据的方法有很多，这里以"生意参谋"数据分析工具为例进行讲解。

在"生意参谋"工具界面中，单击"市场"选项进入"市场"模块，在左侧导航栏中单击“市场大盘”选项，进入市场大盘页面，选择需要采集的数据的时间和类目（这里需要采集的是 8 月的数据，采集的类目是“箱包皮具”），如图 7–1 所示。

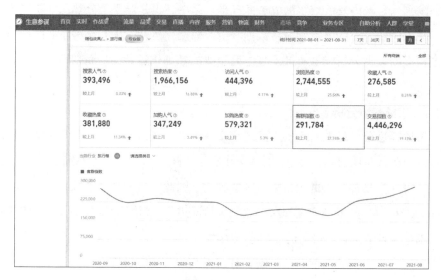

图7-1　生意参谋中的“市场大盘”页面

下拉页面，在“行业构成”区域中即可看到该行业下各子行业的相关交易数据，其中“支付金额较父行业占比指数”就是我们需要采集的子行业成交数据，如图 7–2 所示。

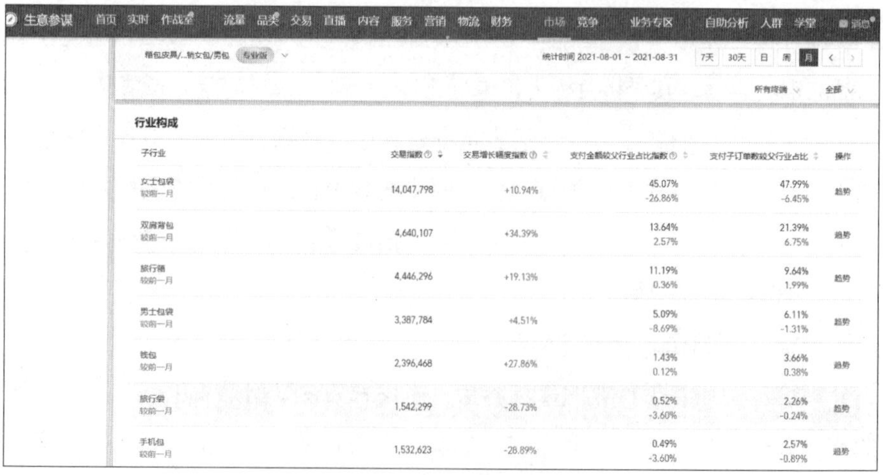

行业构成

子行业	交易指数	交易增长幅度指数	支付金额较父行业占比指数	支付子订单数较父行业占比	操作
女士包袋 较前一月	14,047,798	+10.94%	45.07% -26.86%	47.99% -6.45%	趋势
双肩背包 较前一月	4,640,107	+34.39%	13.64% 2.57%	21.39% 6.75%	趋势
旅行箱 较前一月	4,446,296	+19.13%	11.19% 0.36%	9.64% 1.99%	趋势
男士包袋 较前一月	3,387,784	+4.51%	5.09% -8.69%	6.11% -1.31%	趋势
钱包 较前一月	2,396,468	+27.86%	1.43% 0.12%	3.66% 0.38%	趋势
旅行袋 较前一月	1,542,299	-28.73%	0.52% -3.60%	2.26% -0.24%	趋势
手机包 较前一月	1,532,623	-28.89%	0.49% -3.60%	2.57% -0.89%	趋势

图7-2　子行业的相关交易数据

> **提示**　在"行业构成"区域中显示的成交数据,并不是每个子行业的成交金额,而是其成交金额占比,这个数据存在一定的误差,不是实际数据,只能作为参考数据使用。

将箱包行业各子行业的成交金额占比数据整理到 Excel 表格中,并在最后添加一列"日期",如图 7-3 所示。

	A	B	C	D
1	子行业	支付金额较父行业占比	日期	
2	女士包袋	45.07%	2021年8月	
3	双肩背包	13.64%	2021年8月	
4	旅行箱	11.19%	2021年8月	
5	男士包袋	5.09%	2021年8月	
6	钱包	1.43%	2021年8月	
7	旅行袋	0.52%	2021年8月	
8	手机包	0.49%	2021年8月	
9				

图7-3　将子行业成交金额占比数据整理到Excel表格中

> **提示**　如果只是为了分析市场容量,也可以不添加日期列;如果后续还要进行市场趋势分析,建议添加日期列。另外,建议以月为单位,将 1 月到 12 月的数据全部都采集出来。

3. 创建市场容量分析数据透视表

数据采集完成后,接下来就需要对数据进行加工和处理。在 Excel 表格中插入一个数据透视表来进行数据处理,具体操作如下。

(1)在 Excel 工作表中,选中收集好的成交数据,单击"插入"选项卡,单击"表格"组中的"数据透视表"按钮,如图 7-4 所示。

(2)保持默认的创建数据透视表的区域,单击"确定"按钮;跳转到新的工作表,在页面右侧的"数据透视表字段"窗格中,将"子行业"拖入"行"区域中;将"支付金额较父行业占比"拖入"值"区域中,并将其汇总方式设置为求和,如图 7-5 所示。

图7-4 单击"数据透视表"按钮

图7-5 创建数据透视表

（3）选中数据透视表中"支付金额较父行业占比"列下面的任意一个数据单元格，单击鼠标右键，在弹出的快捷菜单中选择"数字格式"选项，如图7-6所示。

图7-6 选择"数字格式"选项

（4）弹出"设置单元格格式"对话框，在"分类"列表框中选择"百分比"，设置小数位数为"2",单击"确定"按钮,如图 7-7 所示。

(5)设置好的数据透视表效果如图 7-8 所示。

图7-7 "设置单元格格式"对话框

图7-8 设置好的数据透视表效果

4. 插入饼图展示子行业的市场占比情况

插入数据透视表后,为了更好地展示数据,还可以再插入一个数据透视图。插入数据透视图的方法如下。

(1)在 Excel 工作表中,选中之前创建好的数据透视表,单击"插入"选项卡,接着单击"图表"组中的"饼图"按钮,插入一个饼图,如图 7-9 所示。

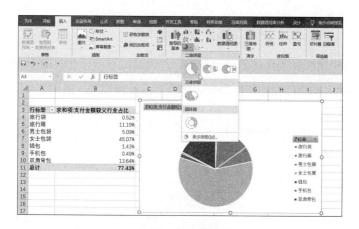

图7-9 插入饼图

(2)插入饼图后的效果如图 7-10 所示。如果只看饼图,阅读者无法清楚地知道哪个扇形区域对应哪个子行业，每个子行业的占比是多少。为了更清晰地展示数据，还需要对饼图进行一些调整，如删除右侧的图例，隐藏左上角的字段按钮，在饼图中显示类别名称和占比等。

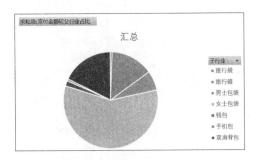

图7-10　最初的饼图效果

（3）选中饼图右侧的图例，单击鼠标右键，在弹出的快捷菜单中选择"删除"命令，将图例删除，如图7-11所示。

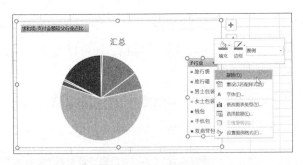

图7-11　删除图例

（4）选中饼图左上角的值字段按钮，单击鼠标右键，在弹出的快捷菜单中选择"隐藏图表上的值字段按钮"命令，将值字段按钮隐藏，如图7-12所示。

图7-12　隐藏值字段按钮

（5）选中饼图，单击鼠标右键，在弹出的快捷菜单中选择"添加数据标签"命令，如图 7-13 所示。

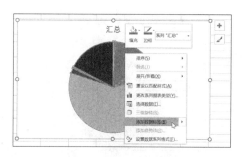

图7-13 添加数据标签

（6）再次选中饼图，单击鼠标右键，在弹出的快捷菜单中选择"设置数据标签格式"命令，如图 7-14 所示。

图7-14 选择"设置数据标签格式"选项

（7）工作表右侧弹出"设置数据标签格式"窗格，为了显示成交金额占比，在"标签选项"区域中勾选"类别名称"和"百分比"复选框，取消勾选"值"复选框，如图 7-15 所示。

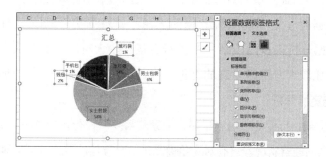

图7-15 设置数据标签格式

（8）将图表标题修改为"箱包行业各子行业市场容量分析"，调整后的饼图效果如图7-16所示。

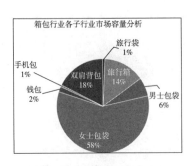

图7-16　调整后的饼图效果

5. 根据市场容量取舍类目

在进行了数据采集、数据处理和数据展示后，接下来就要正式开始数据分析了。在进行数据分析时需要注意，看数据不能只看绝对数，并不是哪个数据比较大，就说明相应的市场容量大，要对具体数据进行具体分析。

例如，从图7-16中可以看到，在箱包行业中"女士包袋"类目商品的成交金额占比最高，达到了58%，占整个箱包行业的一半以上。那么，"女士包袋"类目商品的成交金额占比为什么会这么高呢？第一，"女士包袋"类目商品的消费群体主要为女性，这部分人群正好是网络购物的主力人群，因此购买"女士包袋"类目商品的消费者非常多，导致该类目商品的成交金额也非常高。第二，"女士包袋"类目属于一个比较大的类目，该类目下还可以细分出很多子类目，如单肩包、斜挎包、手提包、手拿包等，这些子类目每个都具有一定的市场容量，所以"女士包袋"类目的整体市场容量很大。反观手机包、钱包等类目，已经是一个比较细化的类目了，再加上市场需求较小，所以它们的市场容量也很小。

分析数据时一定不能只看数据的表象，要根据实际情况进行分析。也就是说，当数据分析人员发现某一个类目容量比较大时，一定要认真思考它的容量为什么会比较大，是因为真的有那么大的需求量，还是由其他原因导致的。

7.1.2　市场竞品分析

在掌握了某一行业的市场容量后，商家还需要对该行业的竞争态势进行分析，了解竞争商品的经营状况。只有对竞争商品进行全方位的数据分析，对比其优缺点，然后发挥自身优势，商家才能在市场中分到一块属于自己的"行业蛋糕"。

1. 搜索趋势分析

分析行业搜索趋势，可以通过"生意参谋"工具查看该行业的"搜索人气"指数。具体操作为：在"生意参谋"工具界面中，依次单击"市场"→"市场大盘"选项，进入"市场大盘"页面，选择查询的类目（如"双肩背包"），并选择查询近30天的数据，即可查看该类目的"搜索人气"指数及趋势图，如图7-17所示。从图中可以看出，该类目最近30天的搜索人气趋势较为平稳，除在"双十一"期间搜索人气有所波动以外，没有较大波动。

图7-17　查看某类目的"搜索人气"指数及趋势图

2. 类目构成分析

类目构成分析非常重要，淘宝平台中有一个搜索规则，即类目占比越大，说明消费人群体量越大，淘宝平台也会优先展示热销类目。商家要想获取更多的流量，就需要将商品放入热销类目下。如果商家选择切入一个新行业，对类目构成不熟悉，一旦将商品放错类目，就有可能影响店铺的自然搜索流量，因此，商家需要对类目的构成进行分析。

例如，在"生意参谋"的市场模块中，依次单击"搜索分析"→"类目构成"选项，进入"类目构成"的分析页面。在搜索框中输入商品类目搜索词（如"耳机"），然后单击"搜索"按钮，选择想要查询的数据日期范围（如查询当日的数据），即可查看该搜索词相关的类目构成，如图7-18所示。

从图中可以看出，"耳机"这个类目在"影音电器"类目下占比最大，其点击人数占比达到了97.93%；而在"影音电器"类目下点击人数占比最高的是"蓝牙耳机",其点击人数占比为42.34%;其次是"耳机/耳麦",其点击人数占比为30.42%。在这种情况下,商家可以根据商品的属性,将商品合理地放在点击人数占比最高的子类目下进行销售。

图7-18　查看某搜索词相关的类目构成

> **提示** 虽然在"影音电器"类目下点击人数占比最高的是"蓝牙耳机"子类目,但如果商家经营的耳机商品并非蓝牙耳机,则不建议放在"蓝牙耳机"子类目下销售。

另外,这里点击人数占比最高的"蓝牙耳机"子类目与点击人数占比排名第二的"耳机/耳麦"子类目差距并不明显。因此,建议商家进一步对这两个子类目的大盘数据进行分析。分析子类目大盘数据的操作步骤如下。

(1)在"生意参谋"工具界面中,依次单击"市场"→"市场大盘"选项,进入"市场大盘"页面,先选择"耳机/耳麦"子类目,并选择想要查询的数据日期范围,然后选择查看"搜索人气"指数的趋势图,如图7-19所示。

(2)在趋势图上方的"当前行业"中,添加"蓝牙耳机"子类目作为"耳机/耳麦"子类目的对比行业,对两个子类目的搜索人气趋势进行对比分析,如图7-20所示。

第 7 章　新媒体数据分析实战指南

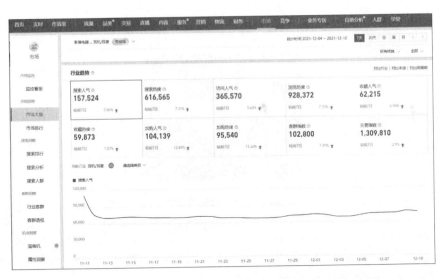

图7-19　查看"耳机/耳麦"子类目的"搜索人气"指数趋势图

图7-20　对两个子类目的搜索人气趋势进行对比分析

通过图 7-20 中的数据和趋势情况可以看出,"蓝牙耳机"的搜索人气要高于"耳机/耳麦"的搜索人气,说明"蓝牙耳机"子类目的潜力更大,在设置类目时应尽量选择"蓝牙耳机"子类目。

3. 人群画像分析

市场竞品分析除了通过分析行业搜索趋势和类目了解竞品情况,还需要分析搜索人群的人群画像。市场竞品的人群画像分析主要包括价格分析、性别分析、年龄分析和地域分析4个方面的内容，如图7-21所示。

图7-21　人群画像分析

（1）价格分析

价格是影响商品销售的一个重要因素，不同人群对商品价格的期望是不一样的。商品的价格也并非越低越好，如高端消费人群对于价格低廉的商品通常不是很感兴趣。因此，分析竞品必须对竞品的价格进行分析。

数据分析人员可以通过"生意参谋"工具的市场模块进行竞品分析。具体的方法为：在"生意参谋"工具界面中，依次单击"市场"→"搜索人群"选项，进入"搜索人群画像"页面，在该页面中可以查看搜索人群对商品的价格偏好数据。例如，搜索"蓝牙耳机"这一类目词的人群，对商品的价格偏好数据如图7-22所示。通过图中显示的数据可以看到，搜索人群最偏向的价格区间是30~75元，占比为30.4%；其次是75~165元，占比为25.31%；再次是0~30元，占比为22.58%。

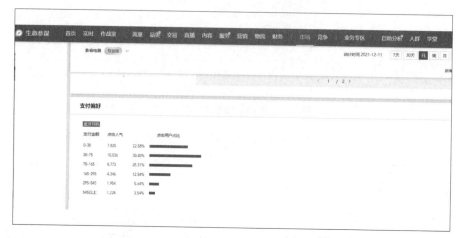

图7-22　搜索人群对商品的价格偏好数据

（2）性别分析和年龄分析

在"生意参谋"市场模块的"搜索人群画像"页面中，也可以对搜索人群进行性别分析和年龄分析。例如，"蓝牙耳机"这一类目词的搜索人群的性别和年龄情况如图 7-23 所示。通过图中显示的数据可以看到，搜索人群中男性比女性多；而搜索人群最多的年龄段为 18~24 岁。

如果不同性别、不同年龄段的搜索人群数量差距很小，就需要根据商品的实际情况进行分析，思考自己经营的商品更适合哪个性别群体和哪个年龄段的人群。例如，图 7-23 中显示的性别分析数据，男性搜索人群的数量和女性搜索人群的数量相差并不大，说明商家经营的蓝牙耳机商品可能在设计和配色等方面都偏向于中性，即男女都比较适用，该蓝牙耳机商品的人群定位可能是男女通用。

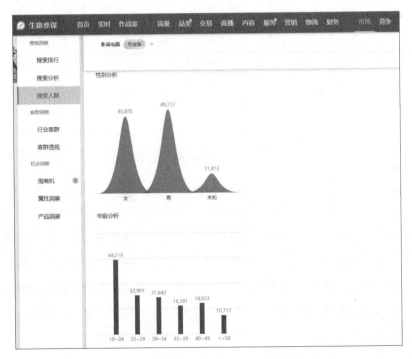

图7-23　搜索人群的性别分析和年龄分析

（3）地域分析

搜索人群的地域分析对于竞品分析来说也很重要，如果能精准地把握潜在客户所在地域，就能极大地节省推广费用，提高投入产出比。另外，通过搜索人群地域分析，商家可以针对消费者所在的地域对商品进行一些优化，如关键词优化、详情页优化等。同样，数据分析人员还是在"生意参谋"市场模块的"搜索人群画像"页面中对搜索人群的地域进行分析，如图7-24所示。

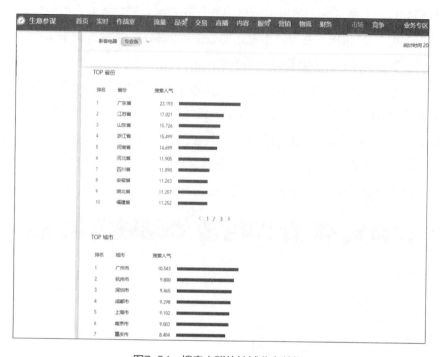

图7-24 搜索人群的地域分布数据

7.1.3 网店流量分析

一般来说，衡量一家网店运营与营销效果的关键指标是网店的销售额，销售额的基本计算公式为：销售额=访客数 × 转化率 × 客单价。其中，访客数代表的就是流量。流量对于网店的经营来说非常重要，是网店经营的根本，如果没有流量，就没有成交转化，也就更谈不上销售额了。因此，在进行数据分析时，商家需要对网店的流量进行分析，以便自己能够快速获取大量优质的流量，为商品的销售奠定良好的基础。

消费者访问网店的渠道有很多，商家为了让消费者看到自己的店铺，并进入店铺，可谓是使出了浑身解数。商家要想找到最适合自己店铺的流量获取渠道，就需要对店铺不同流量渠道的数据进行具体的分析，从分析结果中找到最佳的流量获取渠道。据统计，现在很多网店有90%以上的流量都来源于手机端，因此下面将以某淘宝网店手机淘宝（以下简称"手淘"）流量的4种来源渠道为例，在

Excel 中针对不同渠道流量数据进行统计和分析。

1. 创建网店不同渠道流量统计表

网店不同渠道流量统计表主要包含统计日期、访问渠道、访问渠道明细及访问数量相关数据，通过分析这些数据，商家可以找到最佳的流量获取渠道。这里主要针对网店的免费流量、付费流量、自主访问及其他方式 4 种渠道的流量数据进行分析。创建网店不同渠道流量统计表的具体方法如下。

（1）通过“生意参谋”等工具采集店铺的流量数据，并将采集到的数据整理到 Excel 工作表中。网店不同渠道流量统计表中需要包含统计日期、访问渠道、访问渠道明细及访问数量数据，如图 7–25 所示。

（2）将表格命名为“网店不同渠道流量统计表”，对表格的行高、列宽、对齐方式、字体等属性进行调整，并为表格添加框线，如图 7–26 所示。

统计日期	访问渠道	访问渠道明细	访问数量/次
2022年3月	免费流量	手淘推荐	5267
2022年3月	免费流量	手淘搜索	4852
2022年3月	免费流量	淘宝直播	1715
2022年3月	付费流量	淘宝客	511
2022年3月	付费流量	直通车	5032
2022年3月	付费流量	超级钻展	802
2022年3月	付费流量	超级推荐	4016
2022年3月	自主访问	直接访问	2321
2022年3月	自主访问	购物车	1877
2022年3月	自主访问	宝贝收藏	1547
2022年3月	其他方式	其他方式	1451
2022年4月	免费流量	手淘推荐	5158
2022年4月	免费流量	手淘搜索	4646
2022年4月	免费流量	淘宝直播	2133
2022年4月	付费流量	淘宝客	701
2022年4月	付费流量	直通车	4671
2022年4月	付费流量	超级钻展	401
2022年4月	付费流量	超级推荐	3496
2022年4月	自主访问	直接访问	2535
2022年4月	自主访问	购物车	2011
2022年4月	自主访问	宝贝收藏	1451
2022年4月	其他方式	其他方式	1207

图7-25　将采集到的流量数据整理到Excel工作表中

网店不同渠道流量统计表			
统计日期	访问渠道	访问渠道明细	访问数量/次
2022年3月	免费流量	手淘推荐	5267
2022年3月	免费流量	手淘搜索	4852
2022年3月	免费流量	淘宝直播	1715
2022年3月	付费流量	淘宝客	511
2022年3月	付费流量	直通车	5032
2022年3月	付费流量	超级钻展	802
2022年3月	付费流量	超级推荐	4016
2022年3月	自主访问	直接访问	2321
2022年3月	自主访问	购物车	1877
2022年3月	自主访问	宝贝收藏	1547
2022年3月	其他方式	其他方式	1451
2022年4月	免费流量	手淘推荐	5158
2022年4月	免费流量	手淘搜索	4646
2022年4月	免费流量	淘宝直播	2133
2022年4月	付费流量	淘宝客	701
2022年4月	付费流量	直通车	4671
2022年4月	付费流量	超级钻展	401
2022年4月	付费流量	超级推荐	3496
2022年4月	自主访问	直接访问	2535
2022年4月	自主访问	购物车	2011
2022年4月	自主访问	宝贝收藏	1451
2022年4月	其他方式	其他方式	1207

图7-26　调整表格

2. 计算网店不同渠道的流量数据

在“网店不同渠道流量统计表”中，虽然分别对不同访问渠道的访问数据进行了统计，但并不能直观地看到该网店的免费流量有多少，付费流量又有多少。下面我们就利用 Excel 中的 SUMIF 函数计算该网店不同渠道的流量数据，并对比 3 月和 4 月不同流量渠道的访问数量，具体的方法如下。

（1）在“网店不同渠道流量统计表”中选择空白区域，输入 3 月和 4 月网店不同渠道流量数据对比的相关信息，并调整表格，如图 7–27 所示。

网店不同渠道流量统计表

统计日期	访问渠道	访问渠道明细	访问数量/次
2022年3月	免费流量	手淘推荐	5267
2022年3月	免费流量	手淘搜索	4852
2022年3月	免费流量	淘宝直播	1715
2022年3月	付费流量	淘宝客	511
2022年3月	付费流量	直通车	5032
2022年3月	付费流量	超级钻展	802
2022年3月	付费流量	超级推荐	4016
2022年3月	自主访问	直接访问	2321
2022年3月	自主访问	购物车	1877
2022年3月	自主访问	宝贝收藏	1547
2022年3月	其他方式	其他方式	1451
2022年4月	免费流量	手淘推荐	5158
2022年4月	免费流量	手淘搜索	4646
2022年4月	免费流量	淘宝直播	2133
2022年4月	付费流量	淘宝客	701
2022年4月	付费流量	直通车	4671
2022年4月	付费流量	超级钻展	401
2022年4月	付费流量	超级推荐	3496
2022年4月	自主访问	直接访问	2535
2022年4月	自主访问	购物车	2011
2022年4月	自主访问	宝贝收藏	1451
2022年4月	其他方式	其他方式	1207

	3月	4月
访问渠道	访问数量/次	访问数量/次
免费流量		
付费流量		
自主访问		
其他方式		

图7-27 输入3月和4月网店不同渠道流量数据对比的相关信息

（2）计算 3 月免费流量渠道的总访问数量。选中 G4 单元格，输入公式“=SUMIF(B3:B13, " 免费流量 " ,D3:D13)”，按“Enter”键得出计算结果，如图 7–28 所示。

G4 =SUMIF(B3:B13,"免费流量",D3:D13)

网店不同渠道流量统计表

统计日期	访问渠道	访问渠道明细	访问数量/次
2022年3月	免费流量	手淘推荐	5267
2022年3月	免费流量	手淘搜索	4852
2022年3月	免费流量	淘宝直播	1715
2022年3月	付费流量	淘宝客	511
2022年3月	付费流量	直通车	5032
2022年3月	付费流量	超级钻展	802
2022年3月	付费流量	超级推荐	4016
2022年3月	自主访问	直接访问	2321
2022年3月	自主访问	购物车	1877
2022年3月	自主访问	宝贝收藏	1547
2022年3月	其他方式	其他方式	1451
2022年4月	免费流量	手淘推荐	5158
2022年4月	免费流量	手淘搜索	4646
2022年4月	免费流量	淘宝直播	2133
2022年4月	付费流量	淘宝客	701
2022年4月	付费流量	直通车	4671
2022年4月	付费流量	超级钻展	401
2022年4月	付费流量	超级推荐	3496
2022年4月	自主访问	直接访问	2535
2022年4月	自主访问	购物车	2011
2022年4月	自主访问	宝贝收藏	1451
2022年4月	其他方式	其他方式	1207

	3月	4月
访问渠道	访问数量/次	访问数量/次
免费流量	11834	
付费流量		
自主访问		
其他方式		

图7-28 计算3月免费流量渠道的总访问数量

（3）计算 4 月免费流量渠道的总访问数量。选中 H4 单元格，输入公式“=SUMIF(B14:B24, " 免费流量 " ,D14:D24)”，按“Enter”键得出计算结果，如图 7-29 所示。

H4　=SUMIF(B14:B24,"免费流量",D14:D24)

网店不同渠道流量统计表			
统计日期	访问渠道	访问渠道明细	访问数量/次
2022年3月	免费流量	手淘推荐	5267
2022年3月	免费流量	手淘搜索	4852
2022年3月	免费流量	淘宝直播	1715
2022年3月	付费流量	淘宝客	511
2022年3月	付费流量	直通车	5032
2022年3月	付费流量	超级钻展	802
2022年3月	付费流量	超级推荐	4016
2022年3月	自主访问	直接访问	2321
2022年3月	自主访问	购物车	1877
2022年3月	自主访问	宝贝收藏	1547
2022年3月	其他方式	其他方式	1451
2022年4月	免费流量	手淘推荐	5158
2022年4月	免费流量	手淘搜索	4646
2022年4月	免费流量	淘宝直播	2133
2022年4月	付费流量	淘宝客	701
2022年4月	付费流量	直通车	4671
2022年4月	付费流量	超级钻展	401
2022年4月	付费流量	超级推荐	3496
2022年4月	自主访问	直接访问	2535
2022年4月	自主访问	购物车	2011
2022年4月	自主访问	宝贝收藏	1451
2022年4月	其他方式	其他方式	1207

	3月	4月
访问渠道	访问数量/次	访问数量/次
免费流量	11834	11937
付费流量		
自主访问		
其他方式		

图7-29　计算4月免费流量渠道的总访问数量

（4）按照同样的方法，分别计算出付费流量、自主访问和其他方式渠道 3 月和 4 月的总访问数量，如图 7-30 所示。

网店不同渠道流量统计表			
统计日期	访问渠道	访问渠道明细	访问数量/次
2022年3月	免费流量	手淘推荐	5267
2022年3月	免费流量	手淘搜索	4852
2022年3月	免费流量	淘宝直播	1715
2022年3月	付费流量	淘宝客	511
2022年3月	付费流量	直通车	5032
2022年3月	付费流量	超级钻展	802
2022年3月	付费流量	超级推荐	4016
2022年3月	自主访问	直接访问	2321
2022年3月	自主访问	购物车	1877
2022年3月	自主访问	宝贝收藏	1547
2022年3月	其他方式	其他方式	1451
2022年4月	免费流量	手淘推荐	5158
2022年4月	免费流量	手淘搜索	4646
2022年4月	免费流量	淘宝直播	2133
2022年4月	付费流量	淘宝客	701
2022年4月	付费流量	直通车	4671
2022年4月	付费流量	超级钻展	401
2022年4月	付费流量	超级推荐	3496
2022年4月	自主访问	直接访问	2535
2022年4月	自主访问	购物车	2011
2022年4月	自主访问	宝贝收藏	1451
2022年4月	其他方式	其他方式	1207

	3月	4月
访问渠道	访问数量/次	访问数量/次
免费流量	11834	11937
付费流量	10361	9269
自主访问	5745	5997
其他方式	1451	1207

图7-30　计算网店不同渠道流量3月和4月的总访问数量

通过计算结果可以看到，总访问数量最多的是免费流量，其次是付费流量，但二者的差距并不是很大。免费流量包括手淘推荐、手淘搜索和淘宝直播，主要依靠系统推荐的方式获取流量。商家获得系统推荐机会的前提是做好店铺的商品优化和内容优化，让淘宝平台看到店铺或商品的潜力，这样淘宝平台才愿意将更多优质的免费流量提供给商家。另外，很多商家也会依靠付费流量来带动免费流量，通过付费流量向平台证明自己店铺的引流能力，进而获得更多的平台免费推荐机会，最终实现免费流量和付费流量双增长。

7.1.4 网店转化率分析

电商运营的最终目的是提升销售额，赚取利润。如果店铺只有流量，没有实现实际的销售转化，那么店铺的销量和销售额就得不到提高，因此针对转化率的相关分析也是电商数据分析的重点工作。

为了提高网店的访问量和成交量，商家通常会在不同的流量渠道进行商品推广。因此，商家需要针对不同流量访问渠道的访问数据、成交数量及成交转化率进行数据统计和分析，以更好地制订营销方案，有效提高网店的销量。下面将以某网店4种流量访问渠道的访问数量和成交数量数据为例，在Excel中对商品的成交转化率进行统计和分析。

1. 创建成交转化率统计表

成交转化率统计表主要包含访问渠道、访问数量、成交数量和成交转化率，创建成交转化率统计表的具体方法如下。

（1）在Excel中新建一个名为"成交转化率统计表"的工作表，在工作表中输入访问渠道、访问数量、成交数量等相关的数据信息，如图7-31所示。

	A	B	C	D	E
1	成交转化率统计表				
2	访问渠道	访问数量/次	成交数量/个	成交转化率	
3	免费流量	26834	5590		
4	付费流量	27361	5952		
5	自主访问	19785	2963		
6	其他方式	10451	913		
7	总计				
8					

图7-31 新建"成交转化率统计表"

（2）对表格的行高、列宽、对齐方式、字体等属性进行调整，并为表格添加框线，如图7-32所示。

图7-32 调整表格

（3）计算所有流量访问渠道的总访问数量，选中B7单元格，输入公式"=SUM(B3:B6)"，按"Enter"键得出计算结果，如图7-33所示。

图7-33 计算所有流量访问渠道的总访问数量

（4）计算所有流量访问渠道的总成交数量，选中C7单元格，输入公式"=SUM(C3:C6)"，按"Enter"键得出计算结果，如图7-34所示。

图7-34 计算所有流量访问渠道的总成交数量

（5）选中D3单元格，输入公式"=SUM(C3/B3)"，按"Enter"键得出计算结果，即免费流量的成交转化率，如图7-35所示。

图7-35 计算免费流量的成交转化率

（6）将鼠标指针悬停在D3单元格的右下角，当鼠标指针变成"+"形状时，按住鼠标左键向下拖曳至D7单元格，计算出其他流量渠道的成交转化率，如图7-36所示。

图7-36 快速填充公式

（7）选中D3:D7单元格区域，单击鼠标右键，在弹出的快捷菜单中选择"设置单元格格式"命令，如图7-37所示。

图7-37 选择"设置单元格格式"命令

（8）弹出"设置单元格格式"对话框，切换至"数字"选项卡，设置"分类"为"百分比"，小数位数为"2"，然后单击"确定"按钮，如图7-38所示。

图7-38　"设置单元格格式"对话框

（9）创建好的"成交转化率统计表"效果如图7-39所示。

	A	B	C	D	E
1	成交转化率统计表				
2	访问渠道	访问数量/次	成交数量/个	成交转化率	
3	免费流量	26834	5590	20.83%	
4	付费流量	27361	5952	21.75%	
5	自主访问	19785	2963	14.98%	
6	其他方式	10451	913	8.74%	
7	总计	84431	15418	18.26%	
8					

图7-39　成交转化率统计表的效果

2. 通过柱形图展示不同流量访问渠道的访问数据和成交数据

为了更清楚直观地展示数据之间的差异，数据分析人员可以利用Excel中的柱形图对不同流量访问渠道的访问数据和成交数据进行对比分析，具体方法如下。

（1）在"成交转化率统计表"中，选中A2:C6单元格区域，单击"插入"选项卡，接着单击"图表"组中的"柱形图"按钮，插入一个柱形图，如图7-40所示。

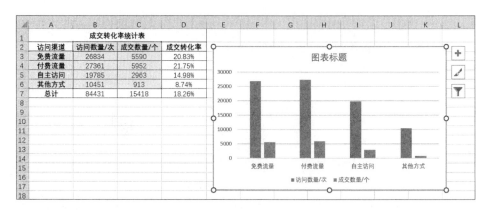

图7-40 插入柱形图

（2）选中图表中的蓝色柱形，单击鼠标右键，在弹出的快捷菜单中选择"添加数据标签"命令，即可为蓝色柱形添加数据标签，如图7-41所示。

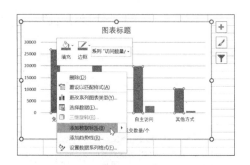

图7-41 为蓝色柱形添加数据标签

（3）选中图表中的橙色柱形，按照同样的方法为橙色柱形添加数据标签，如图7-42所示。

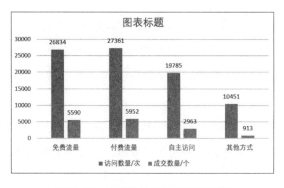

图7-42 为橙色柱形添加数据标签

（4）修改图表标题为"不同流量访问渠道的访问数量和成交数量对比"，最终的柱形图效果如图7-43所示。

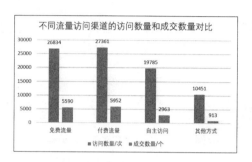

图7-43 最终的柱形图效果

3. 分析不同流量访问渠道的成交转化率

为了更好地分析网店各流量渠道的成交转化率，下面将在柱形图的基础上添加一条折线来突出显示网店各流量访问渠道的成交转化率数据，即通过双坐标图的方式分析网店不同流量访问渠道的成交转化率情况，具体方法如下。

（1）选中"不同流量访问渠道的访问数量和成交数量对比"柱形图，单击"图表设计"选项卡，接着单击"数据"组中的"选择数据"按钮，如图7-44所示。

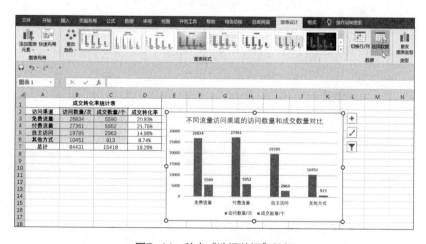

图7-44 单击"选择数据"按钮

（2）弹出"选择数据源"对话框，单击"图例项（系列）"下方的"添加"按钮，如图7-45所示。

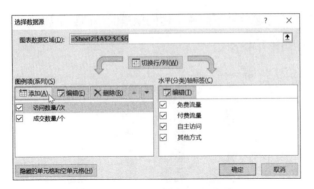

图7-45 "选择数据源"对话框

（3）弹出"编辑数据系列"对话框，选择"系列名称"为D2单元格，"系列值"为D3:D6单元格区域，单击"确定"按钮，如图7-46所示。

图7-46 "编辑数据系列"对话框

（4）返回"选择数据源"对话框，可以看到"图例项（系列）"列表框中新添加了"成交转化率"图例项，单击"确定"按钮，如图7-47所示。

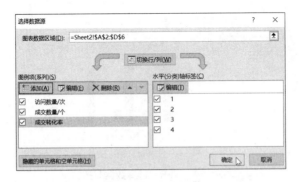

图7-47 返回"选择数据源"对话框

（5）此时图表中出现了"成交转化率"图例项，选中该图例项，单击鼠标右键，在弹出的快捷菜单中选择"设置数据系列格式"命令，如图7-48所示。

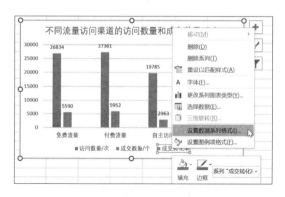

图7-48 选择"设置数据系列格式"命令

（6）工作表右侧弹出"设置数据系列格式"窗格，在"系列选项"区域中选择"次坐标轴"单选按钮，将"成交转化率"数据系列绘制在次坐标轴，如图7-49所示。

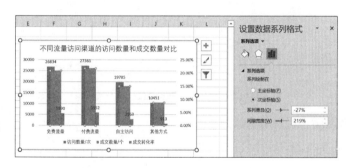

图7-49 将"成交转化率"数据系列绘制在次坐标轴

（7）再次选中图表中的"成交转化率"图例项，单击鼠标右键，在弹出的快捷菜单中选择"更改系列图表类型"命令，如图7-50所示。

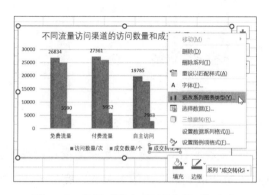

图7-50 选择"更改系列图表类型"命令

（8）弹出"更改图表类型"对话框，在"组合图"中选择"簇状柱形图－次坐标轴上的折线图"，将"成交转化率"设置为次坐标轴，单击"确定"按钮，如图7-51所示。

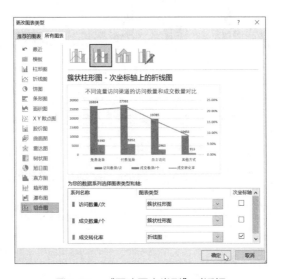

图7-51 "更改图表类型"对话框

（9）修改图表标题为"不同流量访问渠道的成交转化率情况"，完成后的图表效果如图7-52所示。

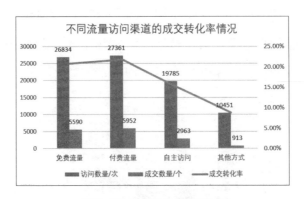

图7-52 完成后的图表效果

通过图7-52可以很直观地看到，该网店免费流量和付费流量的成交转化率较高，说明这两个流量渠道获取到的客户较为精准，商家可以尽量将营销推广的重点放在这里，对这两个流量渠道的访客进行重点分析，以实现更多的销售转化。

7.2 微信公众号数据分析

微信公众平台即微信公众号,在该平台可以完成消息推送、品牌传播、分享等一系列新媒体运营活动。在微信公众平台上,运营人员除了要做好日常的编辑、发布工作,还需要做好公众号的数据监测和数据分析工作,这样才能更好地优化和提升各项运营数据,进而达到最佳的公众号运营效果。

微信公众号后台包含六大数据分析模块,分别是内容分析、用户分析、菜单分析、消息分析、接口分析和网页分析,如图7-53所示。

图7-53 微信公众号后台的六大数据分析模块

> 接口分析和网页分析是针对公众号二次开发(即公众号的单独开发)后的数据分析,通常一般的公众号很少使用这类数据分析,因此,本节重点介绍用户分析、内容分析、菜单分析和消息分析这4个公众号数据分析模块。

7.2.1 用户数据分析

微信公众号后台的"用户分析"模块包括用户增长、用户属性和常读用户分析3部分内容。其中,用户增长数据可以反映公众号的涨粉情况;用户属性数据可以反映公众号的用户画像。这里主要介绍用户增长和用户属性两部分内容。

1. 用户增长数据

用户增长数据包括4个关键指标,即新关注人数、取消关注人数、净增关注人数和累积关注人数,如图7-54所示。

(1)新关注人数

新关注人数是指新关注公众号的用户数,是判断一个公众号用户增长趋势的重要指标。在微信公众号后台,数据分析人员可以查看最近30天、最近15天和最近7天的新关注人数趋势图,如图7-55所示。

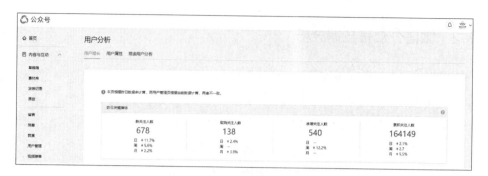

图7-54　用户增长数据的4个关键指标

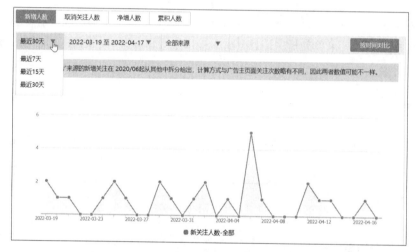

图7-55　查看某微信公众号的新关注人数趋势图

在分析新关注人数时,需要特别留意数据的突然变化。例如,某一天新增粉丝突然增多,数据分析人员就需要对粉丝突然增长的原因进行仔细分析,看看那天的内容、选题、传播渠道哪一方面满足了用户需求。

除了分析数据的突然变化,数据分析人员还可以进行数据对比分析。单击新关注人数趋势图右上角的"按时间对比"按钮(单击后显示为"取消对比"),即可与上个月的新关注人数进行对比分析,如图7-56所示。

如果数据分析人员想要精细化分析新增用户的增长来源,可以在"新关注人数"趋势图的上方单击"全部来源"按钮,在弹出的下拉列表中就可以看到公众号的用户增长来源,包括搜一搜、扫描二维码、文章内账号名称、名片分享、支付后关注、他人转载、微信广告、视频号直播、视频号、其他合计等,如图7-57所示。

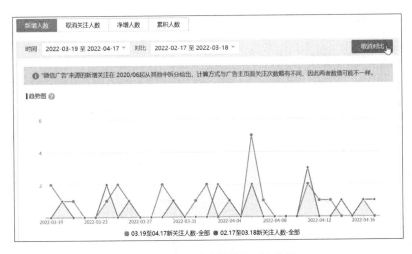

图7-56 新关注人数趋势对比分析

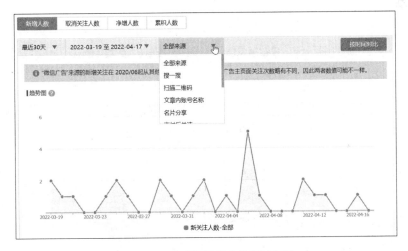

图7-57 查看新增用户的增长来源

（2）取消关注人数

取消关注人数是指取消关注公众号的用户数，该指标也是在进行用户增长数据分析时需要重点分析的数据指标。和"新关注人数"指标一样，在微信公众号后台，数据分析人员可以查看最近30天、最近15天和最近7天的取消关注人数趋势图，如图7-58所示。

维护一个老用户的成本往往要比增加一个新用户的成本低很多，因此，如果企业的微信公众号出现取消关注的情况，运营人员一定要引起重视。尤其是出现短时间内取消关注人数突然增多的情况，数据分析人员需要及时对用户取消关注的原因进行分析，从而找到解决问题的方案。

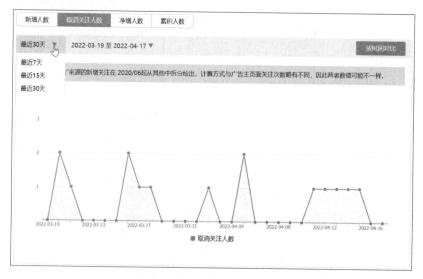

图7-58　查看某微信公众号的取消关注人数趋势图

（3）净增关注人数

净增关注人数是指公众号新关注用户数减去取消关注用户数，该指标衡量的是一定时间内公众号用户的净增长数量，如图7-59所示。

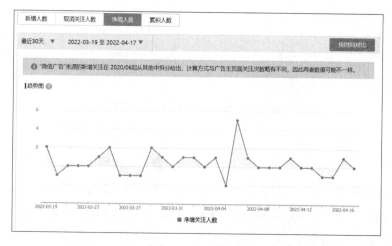

图7-59　查看某微信公众号的净增关注人数趋势图

净增关注人数能够很好地检验公众号的推广效果。例如，某微信公众号在3月和4月分别发布了两篇推广软文，数据分析人员就可以通过查看3月和4月的净增人数趋势对比图，判断哪篇推广软文的效果更好。

（4）累积关注人数

累积关注人数是指目前关注公众号的用户总数。除了新关注人数、取消关注人数、净增关注人数，数据分析人员还可以通过累积关注人数来分析公众号的运营效果和涨粉情况。某微信公众号的累积关注人数趋势图如图7-60所示。如果将鼠标指针悬停在趋势图的某个位置，还能查看某一天的具体累积关注人数。

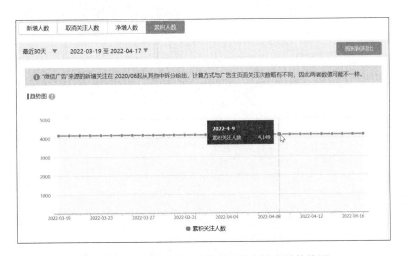

图7-60　查看某微信公众号的累积关注人数趋势图

2. 用户属性数据

用户属性数据主要表现的是公众号的用户画像，通过分析公众号的用户属性数据，运营人员能够更好地了解公众号的粉丝情况，进而开展有针对性的运营活动，提升公众号的运营效率。微信公众号后台的用户属性数据包括人口特征、地域归属、访问设备3个模块。

（1）人口特征

人口特征模块展示了公众号用户的性别分布、年龄分布和语言分布，如图7-61所示。运营人员可以根据用户的人口特征对投放的内容进行优化和调整，例如，通过性别分布和年龄分布知道了该微信公众号的男性用户多于女性用户，那么在投放公众号内容时，就可以以时政、财经、运动、游戏等男性感兴趣的内容为主，写作时可以使用沉稳一些的语言。

图7-61 用户属性分析中的人口特征模块

（2）地域归属

地域归属包括用户的省级分布和地级分布，运营人员可以通过该模块中的数据清楚地掌握公众号用户的地域分布情况，如图 7-62 所示。

微信公众号的运营人员可以根据用户的地域分布情况开展有针对性的营销活动，具体的营销思路如下。

- 根据不同地区的消费水平判断公众号用户的消费水平和购买力。例如，某微信公众号的用户主要集中在一、二线城市，则说明该公众号用户的消费水平相对较高，购买力也相对较强。

- 根据用户在不同城市的分布情况，优先选择用户比较集中的城市举办线下活动、粉丝见面会等。

- 根据不同的地区，进行具有当地特色的信息推广，尽量贴合当地的文化特点进行内容创作。例如，某微信公众号的用户大多数来自北京，那么创作以北漂、胡同等话题为主的内容就更容易引起用户的共鸣。

地域	用户数	占比
山东省	956	28.61%
广东省	450	13.46%
北京	316	9.46%
上海	224	6.70%
浙江省	136	4.07%
江苏省	131	3.92%
香港	83	2.48%

地域	用户数	占比
青岛	737	79.42%
济南	61	6.57%
潍坊	24	2.59%
烟台	17	1.83%
临沂	14	1.51%
东营	11	1.19%
威海	10	1.08%

图7-62　某微信公众号的用户地域归属

（3）访问设备

在公众号中，同样的标题和封面在不同访问设备上的显示效果往往是不一样的。例如，某微信公众号的用户终端分布如图7-63所示。从图中可以看到使用Android手机访问公众号的用户最多，那么该公众号内容的图文排版、封面尺寸、标题长度等都需要调整到适合Android手机的状态，以提升主流用户的阅读体验。

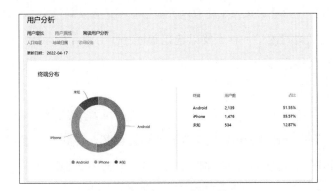

图7-63　某微信公众号的用户终端分布

访问设备分析对于App产品或游戏产品的推广来说非常重要，在推广App产品或游戏产品时，运营人员应该更关注用户使用设备情况，根据用户的终端分布情况选择最合适的公众号进行推广合作。例如，某新媒体企业近期推出了一款新的 App 产品，该产品目前只能在 Android 手机上使用，那么该企业如果要在公众号上推广该款 App 产品，就需要优先选择 Android 手机用户占比较大的公众号进行产品推广。

7.2.2　内容数据分析

微信公众号后台的内容分析模块包括群发数据（图文数据）和视频数据（视频/音频数据）两部分内容。在内容分析模块中除了可以看到总体数据，还可以看到单篇群发数据和单个视频数据。微信公众号主要是发布图文内容的平台，要想针对每次推送的图文进行数据分析，就需要围绕公众号的图文阅读量展开分析。下面将以单篇群发数据为例，讲解公众号图文阅读量的分析方法。

公众号图文阅读量属于图文数据，是微信公众号运营的核心指标之一。人们常说的"10万+"文章，即指阅读量超过10万次的文章。在微信公众号中，文章阅读量超过10万次后，对外展示文章阅读量时就不会再展示具体的数值，只展示"10万+"的字样。因此"10万+"也逐渐成为高阅读量文章的代名词，创作出"10万+"阅读量的文章也是很多新媒体运营者不断追求的目标。某微信公众号发布的阅读量达到"10万+"的文章如图7-64所示。

图7-64　"10万+"阅读量的文章

公众号图文阅读量的来源主要有两大渠道：一是公众号消息，二是用户转发。要想提高图文平均阅读量，首先要以选题和标题作为切入点，提升图文内容的首次打开率；其次要让阅读了这篇文章的用户产生转发的意愿，提升图文内容的分享率。

在微信公众号后台的内容分析模块中，依次选择"群发分析"→"单篇群发"选项，即可查看指定日期的单篇图文内容的相关数据，如图7-65所示。

单击单篇图文右侧的"详情"按钮，可以进一步查看该篇图文内容的送达转化、分享转化、数据趋势、阅读完成情况及用户画像。分析公众号图文阅读量主要查看的是送达转化和分享转化这两个数据指标。

送达转化指标反映的是单篇图文内容的首次打开率，也就是公众号消息阅读次数与送达人数的比值，如图7-66所示，图中的0.91%即为该篇图文内容的首次打开率。

图7-65 单篇群发数据

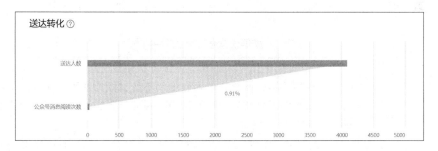

图7-66 送达转化指标

提示　公众号图文内容的首次打开率不等于打开率，首次打开率是公众号消息阅读次数与送达人数的比值；而打开率又称为点击率，是总阅读次数与送达人数的比值。不过二者反映的都是选题或标题对用户的吸引程度。为了便于统计，通常所说的打开率都是指总打开率，而非首次打开率。

分享转化指标包括公众号消息阅读次数、首次分享次数、总分享次数和分享产生的阅读次数，如图 7-67 所示。单篇图文内容的首次分享率是首次分享次数与公众号消息阅读次数的比值；单篇图文内容的总分享率是分享产生的阅读次数与总分享次数的比值。

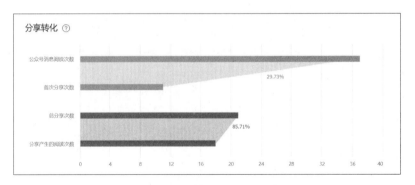

图7-67 单篇图文内容的分享转化数据

打开率和分享率是微信公众号内容数据分析中的两个重要指标，其中，打开率可以反映标题质量，分享率可以反映用户对内容的满意度。结合打开率和分享率这两个维度，发布在公众号上的文章可分为4种情况，如表7-1所示。

表7-1 微信公众号文章的4种情况

文章的情况	具体说明
打开率低、分享率低	这类文章的选题、标题、内容质量都不好，既无法吸引用户点击浏览，也无法使用户产生分享的欲望，因此这类文章的阅读量也不会高，是最差的一种情况 对于这类文章，运营人员首先需要从选题上找原因，然后再分析内容和标题，最后进行相应的优化和调整
打开率低、分享率高	这类文章正文内容质量还不错，但标题不能很好地吸引用户，所以这类文章的阅读量通常也不高 对于这类文章，运营人员可以优化标题或推荐语后再进行推送
打开率高、分享率低	这类文章通常标题质量不错，但正文内容质量不好，用户诉求没有得到满足，也就是俗称的"标题党"，所以导致点击文章的人很多，但愿意分享转发的人却很少 对于这类文章，运营人员要做好内容方面的优化，内容一定要能为用户提供价值
打开率高、分享率高	这类文章的标题和正文内容质量都不错，不仅阅读量很高，"涨粉"效果也不错，是运营人员追求的理想状态

7.2.3 菜单数据分析

微信公众号在消息界面底部设置了自定义菜单，作为用户互动的入口。用户可以通过点击菜单选项，收到设定的响应，如收取消息、跳转链接。图7-68所示为某微信公众号底部的菜单栏。

微信公众号后台的菜单分析模块中有 3 个关键指标：菜单点击次数、菜单点击人数和人均点击次数，数据分析人员可以在该页面查看最近 30 天、最近 15 天和最近 7 天的菜单点击数据及对应的数据趋势图，如图 7–69 所示。

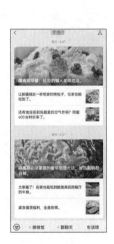

图7–68 某微信公众号底部的菜单栏

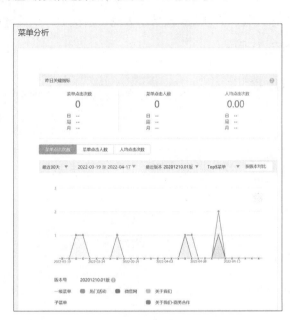

图7–69 菜单分析的关键指标及对应的数据趋势图

趋势图的下方是对应时间段内菜单及子菜单的数据表，如图 7–70 所示。

2022-03-19 至 2022-04-17 ▼ 下载表格

版本	菜单	子菜单	菜单点击次数	菜单点击人数	人均点击次数
20201210.01版 最近版本	热门活动	-	7	7	1.00
	微官网	-	2	2	1.00
	关于我们	商务合作	1	1	1.00

图7–70 菜单及子菜单的数据表

通过菜单数据分析，公众号运营人员可以了解用户对菜单功能的满意程度和活跃程度，菜单点击次数越多，说明服务的覆盖人群越多；人均点击次数越多，说明用户活跃度越高。

7.2.4 消息数据分析

在微信公众号中，运营人员通过用户发送的消息可以很好地了解用户的需求，从而找到更准确的运营方向。微信公众号后台的消息分析模块中包括消息分析和消息关键词两部分内容。

在"消息分析"页面中可以按小时报、日报、周报、月报的方式，查看消息发送人数、消息发送次数、人均发送次数 3 个关键指标的相关数据及趋势图，如图 7-71 所示。

 这里的消息是指关注公众号的用户主动向公众号发送的消息。

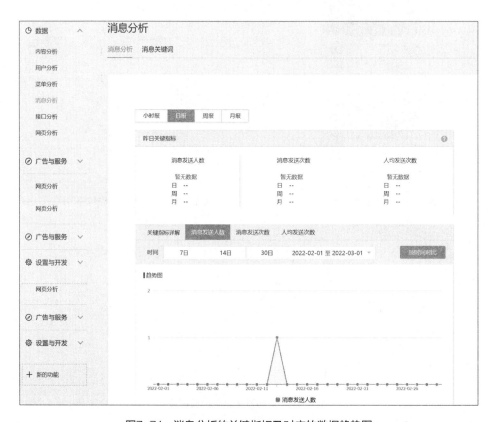

图7-71 消息分析的关键指标及对应的数据趋势图

下拉"消息分析"页面，在关键指标趋势图下方还会显示"消息发送次数分布图"和"详细数据"等内容，如图 7-72 所示。其中，"消息发送次数分布图"反映的是某个时间段内用户发送消息次数对应的人数和占比情况；"详细数据"则对具体日期的消息发送人数、消息发送次数、人均发送次数这 3 个关键指标的详细数据进行了展示。

图7-72 消息发送次数分布图和详细数据

在"消息关键词"页面中可以看到不同消息关键词的出现次数及占比情况。公众号运营人员设置好一定的关键词规则后，用户在公众号消息页面发送关键词，公众号会自动回复设置好的内容。对消息关键词进行分析，有助于运营人员了解用户对公众号内容的喜好，在后续的运营中，运营人员也可以围绕用户回复占比较高的关键词进行内容优化和创作。

7.3 微博数据分析

新浪微博（简称微博）以其传播内容快、用户互动性强、内容多样化等特点，成为互联网时代用户获取信息的重要平台。微博拥有非常庞大的用户群体，是新媒体运营者开展新媒体运营的重要阵地之一。要想做好微博运营，掌握一定的数据分析技能必不可少。下面将从粉丝数据、内容数据、互动数据、账号对比数据等方面入手，详细讲解微博数据分析的方法和技巧，以帮助新媒体运营者利用数据更好地提升微博运营效率。

> 微博管理中心为用户提供了丰富的数据分析模块，但有些数据分析模块是需要付费使用的，不过大部分服务都可以免费试用7天，试用结束后运营人员可以选择有用的数据分析模块进行付费订阅，以便更好地进行微博数据分析，提升运营效率。

要进行微博数据分析，首先需要进入微博的数据分析后台，具体方法为：登录微博账号进入个人主页后，依次单击"我的管理中心"→"数据助手"按钮，即可进入"微博管理中心"界面,对微博账号的相关数据进行分析,如图 7-73 所示。

图7-73 微博管理中心

7.3.1 粉丝数据分析

微博管理中心的"粉丝分析"模块共有 3 个部分,分别是粉丝趋势、活跃分布和粉丝画像。

1. 粉丝趋势

在"微博管理中心"界面中选择"粉丝分析"模块,将页面切换到"粉丝趋势"页面中,可以看到近 7 天、近 30 天、近 90 天的粉丝数量变化情况及趋势图,如图 7-74 所示。如果粉丝增长较快,运营人员可以从微博账号的发布内容、发布数量、发布时间等方面进行总结,整理运营经验以保持粉丝增长态势;如果粉丝净增总数下降,运营人员也可以查看近期的微博数据,寻找原因,总结教训,从而规划以后的运营。

图7-74 粉丝趋势分析

下拉页面，可以看到"近 7 日取关粉丝列表"，列表中会显示取消关注粉丝的微博账号、取消关注时间、最近关注时长及粉丝数等数据信息，如图 7-75 所示。运营人员可以根据粉丝取消关注的时间，研究当天发布的内容是否引起了粉丝的反感；或者去取消关注粉丝的微博主页查看其兴趣所在，避免同类粉丝流失。

图7-75　近7日取关粉丝列表

2. 活跃分布

在"粉丝分析"模块的"活跃分布"页面中可以看到"近 7 日粉丝活跃分布"情况，包括按天分布的日活跃粉丝分布情况柱形图和按小时分布的近 7 日平均每小时活跃粉丝分布情况折线图，如图 7-76 所示。

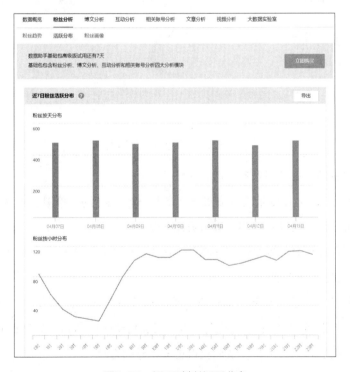

图7-76　近7日粉丝活跃分布

粉丝在某天或某个时间段中登录过微博账号,即被视为活跃粉丝。

3. 粉丝画像

在"粉丝分析"模块的"粉丝画像"页面中可以查看粉丝来源、粉丝性别年龄、粉丝地区分布、关注我的人的粉丝量级、粉丝兴趣标签、粉丝星座、粉丝类型等相关信息。

（1）粉丝来源

在"粉丝来源"页面可以查看粉丝来源的占比情况,微博粉丝的来源主要有"微博推荐""第三方应用""微博搜索""找人"4个渠道,如图7-77所示。

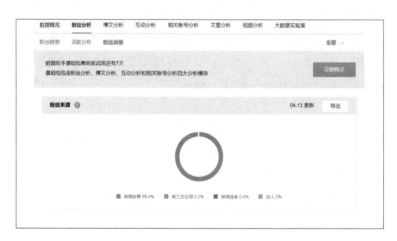

图7-77　"粉丝来源"页面

- 微博推荐：通过别人的推荐关注账号。
- 第三方应用：通过第三方应用关注账号,如通过简书、今日头条等应用关注。
- 微博搜索：通过微博搜索页面关注账号。
- 找人：通过微博客户端"发现"页面中的"找人"频道关注账号。

（2）粉丝性别年龄

"粉丝性别年龄"页面中通过直方图的形式对粉丝的性别和年龄分布情况进行了展示,如图7-78所示。运营人员可以根据粉丝的性别和年龄分布情况,优化账号内容的选题和语言风格,从而获得更多粉丝的青睐。

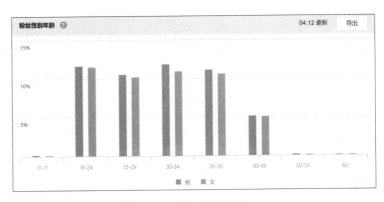

图7-78 "粉丝性别年龄"页面

（3）粉丝地区分布

"粉丝地区分布"页面中展示的是各地区粉丝数占比情况，如图7-79所示。了解粉丝的地区分布情况，可以帮助运营人员更好地规划线下活动和运营内容。

排序	地区	粉丝数占比
1	广东	5.1%
2	北京	4.3%
3	浙江	4.2%
4	江苏	4%
5	上海	3.3%

图7-79 "粉丝地区分布"页面

（4）关注我的人的粉丝量级

"关注我的人的粉丝量级"页面中展示的是账号粉丝的粉丝量级占比情况，如图7-80所示。粉丝量级高的人占比越多，说明账号的影响力越大。

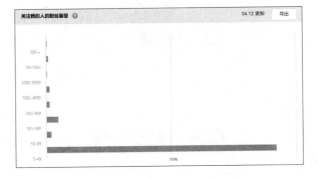

图7-80 "关注我的人的粉丝量级"页面

(5) 粉丝兴趣标签

"粉丝兴趣标签"页面中展示的是账号粉丝关注的兴趣标签及占比情况，如图 7-81 所示。通过分析粉丝的兴趣标签，运营人员可以更好地了解粉丝的兴趣，然后根据粉丝的兴趣发布合适的内容，以提升粉丝的黏性。

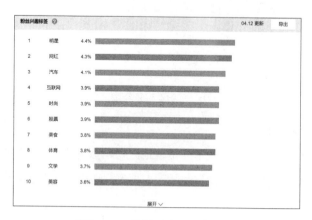

图7-81 "粉丝兴趣标签"页面

(6) 粉丝星座

"粉丝星座"页面中展示的是账号粉丝的星座分布情况，如图 7-82 所示。很多人认为，不同星座的人有不同的性格和喜好，运营人员可以根据粉丝的星座分布情况，开展有针对性的营销活动。

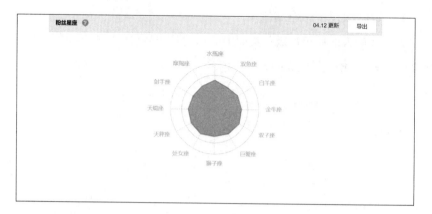

图7-82 "粉丝星座"页面

(7) 粉丝类型

"粉丝类型"页面中展示的是粉丝中普通用户和认证用户的占比情况，如图

7-83 所示。认证用户通常比普通用户的活跃度更高，黏性也更强，因此，认证用户的比例越高，说明该账号的运营效果越好。

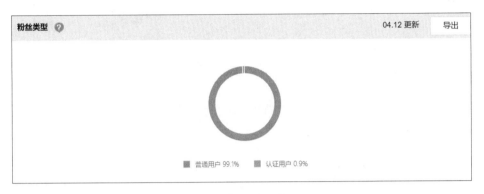

图7-83 "粉丝类型"页面

7.3.2 内容数据分析

微博中常见的内容形式包括博文、头条文章和视频，这里主要以博文分析为例，介绍微博内容数据分析的方法和技巧（头条文章分析和视频分析与博文分析类似）。在"微博管理中心"界面中选择"博文分析"模块，在该模块中可以对账号发布的博文进行数据分析，如图 7-84 所示。在"博文分析"模块中可以查看"微博阅读趋势""微博阅读人数""微博转发、评论和赞""点击趋势分析""单条微博分析"等数据。

图7-84 切换到"博文分析"模块

1. 微博阅读趋势

在"微博阅读趋势"页面中可以查看账号"近 7 天""近 30 天""近 90 天"的微博阅读情况及趋势，如图 7-85 所示。要想提升账号发布的博文的阅读总数，最简单的方法就是增加发博数。

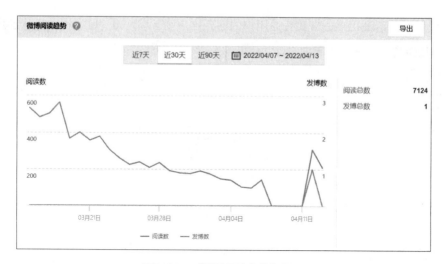

图7-85 "微博阅读趋势"页面

2. 微博阅读人数

在"微博阅读人数"页面中可以查看账号"近7天""近30天""近90天"的阅读人数情况,如图7-86所示。

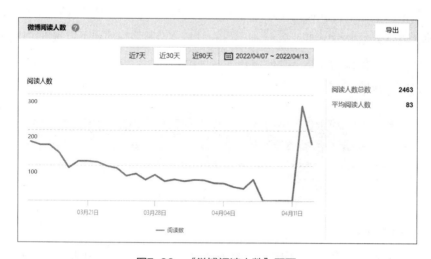

图7-86 "微博阅读人数"页面

3. 微博转发、评论和赞

在"微博转发、评论和赞"页面中可以查看账号"近7天""近30天""近90天"发布的微博被转发、评论和点赞的情况,如图7-87所示。

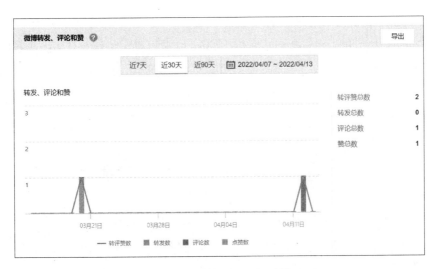

图7-87 "微博转发、评论和赞"页面

4. 点击趋势分析

在"点击趋势分析"页面中可以查看账号"近7天""近30天""近90天"的点击数情况,包括点击总数、阅读总数、图片点击总数、短链点击总数及点击率数据指标,如图7-88所示。

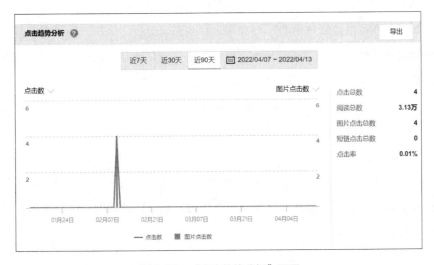

图7-88 "点击趋势分析"页面

5. 单条微博分析

在"单条微博分析"页面中可以查看账号"近7天""近30天""近90天"

发布的单条微博的发布时间、微博内容、阅读、参与互动等情况，如图7-89所示。单击单条微博右侧的"查看详情分析"按钮，还可以进一步对"单条微博阅读趋势""单条微博的转发、评论和赞""单条微博点击趋势"等数据指标进行分析。此外，还可以进行单条微博阅读来源分析和单条微博阅读粉丝分析。

图7-89 "单条微博分析"页面

7.3.3 互动数据分析

微博的社交属性主要体现在用户可以通过转发、评论、点赞等方式与博主进行互动和交流。互动数的多少，在一定程度上代表着博主、账号及微博内容的受欢迎程度。在"微博管理中心"界面中选择"互动分析"模块，即可对账号的互动情况进行数据分析。"互动分析"模块中主要包括3部分内容，分别是"互动数分析""我的影响力"及"我发出的评论"。此外，在"互动分析"模块中还可以查看"近7天账号互动Top10"榜单，了解与该账号互动最多的前10名用户。

1. 互动数分析

"互动数分析"页面中展示的是账号"近7天""近30天""近90天"的微博互动数据及趋势，包括总互动数、微博被互动、评论被互动、故事被互动和粉丝群互动数，如图7-90所示。

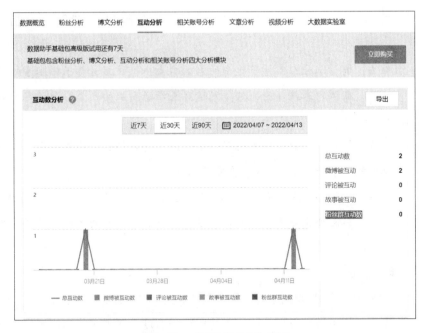

图7-90 "互动数分析"页面

2. 我的影响力

"我的影响力"页面中展示的是账号的影响力及相关数据指标的变化情况，如图 7-91 所示。

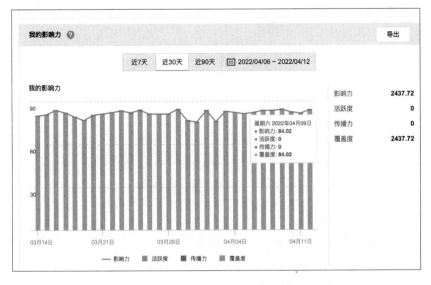

图7-91 "我的影响力"页面

"我的影响力"页面中有4个关键指标,分别是影响力、活跃度、传播力和覆盖度。

- 影响力:衡量账号在微博平台中的影响力大小,该指标是根据账号的发微博情况,微博内容被评论、被转发情况及活跃粉丝的数量综合评定计算得出的数值。
- 活跃度:发布高质量的博文吸引粉丝、积极转发评论其他微博内容、与好友私信聊天等行为都能快速提高账号活跃度。
- 传播力:每篇博文被转发、被评论的平均次数越多,账号的传播力越强。
- 覆盖度:当天登录微博的粉丝数越多,或与账号互动的粉丝数越多,账号覆盖度就越广。

3. 我发出的评论

在"我发出的评论"页面中可以查看账号每天发出的评论数,如图7-92所示。账号每天发出的评论数可以反映博主对待用户的态度,博主多与其他账号进行互动可以起到很好的引流效果。

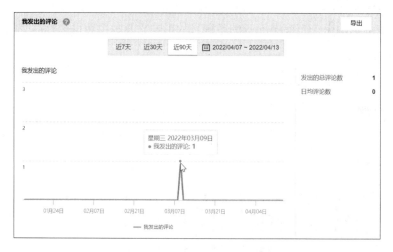

图7-92 "我发出的评论"页面

7.3.4 账号对比分析

账号对比分析包括相关账号概况、相关账号粉丝分析和相关账号博文分析3部分内容。在"微博管理中心"界面中选择"相关账号分析"模块,即可对相关账号的数据进行对比分析。

提示 "相关账号分析"是付费功能,有5个相关账号分析和10个相关账号分析两种套餐可以选择,微博运营人员可以根据自己的实际需求和情况选择合适的套餐。

1. 相关账号概况

在"相关账号信息"栏下方单击"添加账号"按钮,搜索并添加需要对比的账号后,即可在"相关账号列表"中看到这些账号的数据,包括微博昵称、当前粉丝数、粉丝净增数、粉丝增长幅度、发博数、转评赞数、阅读数量级等,如图7-93所示。

图7-93 相关账号列表

> **提示** 相关账号列表中排在第一个的微博账号为自己的账号，其他账号为相关的对比账号。

下拉页面，在"近7日关键指标趋势"中可以看到自己账号的粉丝净增数、转评赞数、发博数、原创微博数、阅读数、发出的评论等关键指标与相关账号关键指标平均值近7日的趋势对比情况，如图7-94所示。

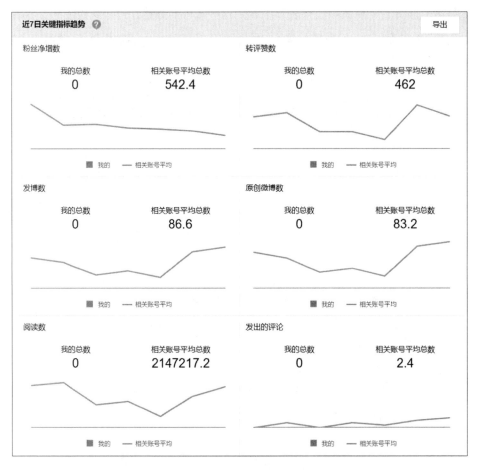

图7-94　自己账号与相关账号近7日关键指标趋势对比

2. 相关账号粉丝分析

在"相关账号分析"模块的"相关账号粉丝分析"页面中，可以选择一个相关账号查看其详细的粉丝数据，包括粉丝增长分析、粉丝类型、粉丝性别年龄和粉丝地区分布。"相关账号粉丝分析"页面中的粉丝增长分析如图 7-95 所示。

图7-95　"相关账号粉丝分析"页面中的粉丝增长分析

3. 相关账号博文分析

在"相关账号分析"模块的"相关账号博文分析"页面中，可以选择一个相关账号查看其发布的内容数据，包括发博总数、发出的评论总数、原创微博总数、转发总数、评论总数、点赞总数和转评赞总数，如图 7-96 所示。

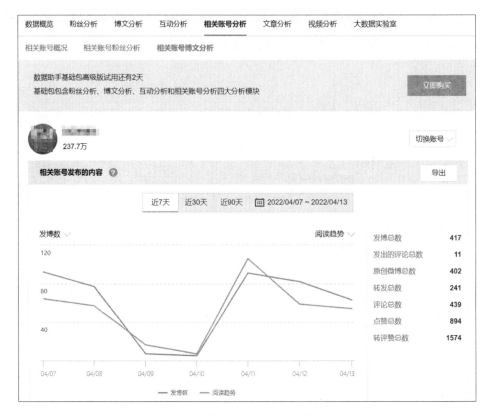

图7-96 "相关账号博文分析"页面

7.4 今日头条数据分析

今日头条是一个因算法精准而出名的新媒体平台，该平台拥有较为完整的内容生态，并且采用数据挖掘和人工智能技术为用户推荐有价值、个性化的信息，从而帮助企业、机构、媒体和自媒体在移动端获得更多曝光和关注，实现品牌传播和内容变现。

今日头条是基于算法的人工智能平台，它对用户的每一个动作进行数据记录和挖掘，从而对用户进行标签化处理，同时也对每一条内容和每一位内容创作者进行标签化处理，以实现用户和内容创作者的匹配。因此，在今日头条平台上很多运营情况都可以通过数据来解决，如推荐机制、用户数据、内容数据和创作热点数据等。

今日头条内置的数据分析功能模块包括作品数据、粉丝数据和收益数据。下面具体介绍这3个数据分析模块。

7.4.1 作品数据分析

在今日头条的作品数据分析模块中，数据分析人员不仅可以对头条号（今日头条账号的简称）的文章、视频、微头条、问答、小视频等作品的整体数据进行查看和分析，还可以针对单篇作品数据进行查看和分析。

登录头条号以后，进入"创作平台"页面，依次单击页面左侧菜单栏中的"数据"→"作品数据"选项，即可进入作品数据分析模块对头条号的作品数据进行分析，如图7-97所示。

图7-97 作品数据分析模块

1. 整体作品数据分析

在"作品数据"页面的整体作品数据分析中，可以查看头条号全部作品的核心数据和流量分析。

（1）核心数据

头条号作品的核心数据包括昨日展现量、昨日阅读（播放）量、昨日点赞量、昨日评论量、粉丝展现量和粉丝阅读（播放）量，如图7-98所示。

> 提示：在头条号的作品数据分析模块中，每日14：00前更新前一日数据。

图7-98 头条号全部作品的核心数据

（2）流量分析

头条号作品的流量分析包括4部分内容，分别是数据趋势、性别分布、地域分布和机型价格分布。其中，在"数据趋势"模块中可以查看作品核心数据7天或30天的趋势图，如图7-99所示。

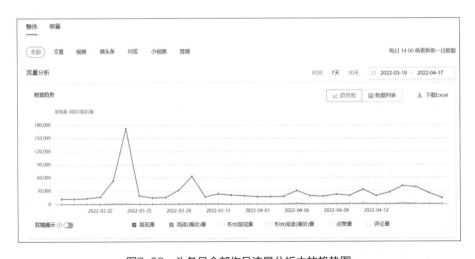

图7-99 头条号全部作品流量分析中的趋势图

在"数据趋势"模块中除了可以查看核心数据的趋势图，还可以查看核心数据的数据列表，如图7-100所示。数据列表会对7天或30天内每天的展现量、阅读（播放）量、粉丝展现量、粉丝阅读（播放）量、点赞量、评论量数据进行展示。

在文章、视频、微头条、问答、小视频等单类别的作品流量分析中，除了上述分析模块，还有"流量来源分析"模块和"各来源流量趋势"模块，展示作品流量的来源情况。文章类别作品中的"流量来源分析"模块和"各来源流量趋势"模块如图7-101所示。

整体　单篇

全部　文章　视频　微头条　问答　小视频　音频　　每日 14:00 前更新前一日数据

流量分析　　时间　7天　30天　2022-03-19 ~ 2022-04-17

数据趋势　　趋势图　数据列表　　下载Excel

时间	展现量	阅读(播放)量	粉丝展现量	粉丝阅读(播放)量	点赞量	评论量
累计	857,146	16,491	87,115	122	365	46
2022-04-17	14,027	164	2,597	2	5	0
2022-04-14	41,270	1,370	2,823	11	26	3
2022-04-13	26,738	498	2,774	1	14	0
2022-04-12	19,059	603	3,248	8	26	3
2022-04-11	32,967	1,130	3,222	7	15	6
2022-04-10	19,474	795	2,629	2	25	0
2022-04-09	22,058	878	3,041	5	34	0

1　2　3　4

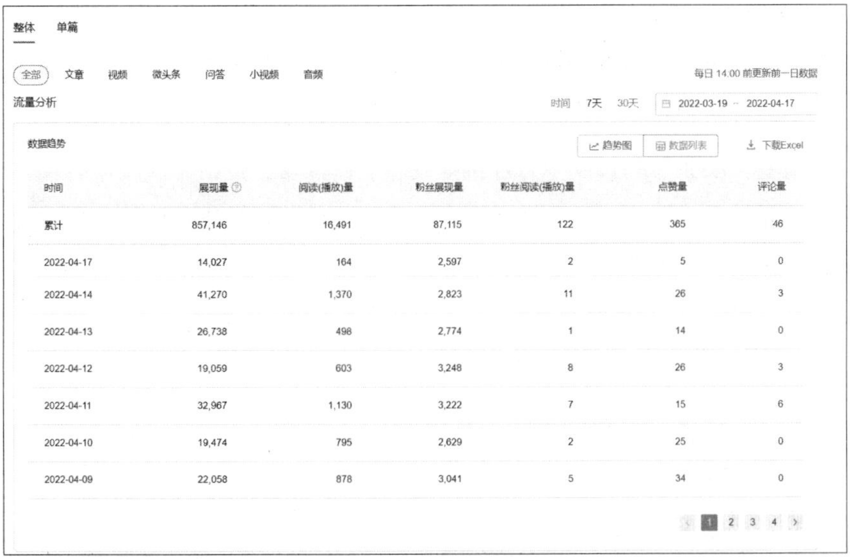

图7-100　头条号全部作品流量分析中的数据列表

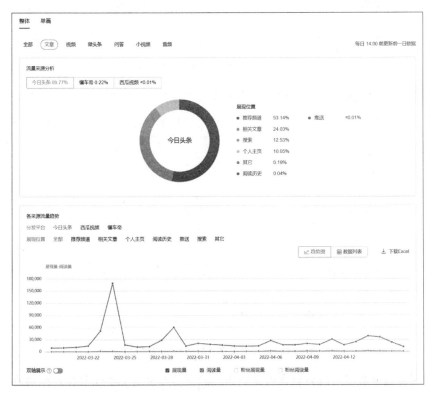

图7-101　文章类别作品中的“流量来源分析”模块和“各来源流量趋势”模块

2. 单篇作品数据分析

切换到"单篇"数据分析，可以对文章、视频、微头条、问答、小视频等类别的单篇作品进行单独分析。以"文章"类作品数据为例，在单篇作品分析页面中可以查看该头条号每篇文章作品的展现量、阅读量、点击率、阅读时长、点赞量和评论量等数据，如图7-102所示。此外，还可以看到作品信息（包括文章的封面图、标题和发布时间）及操作选项。

图7-102　单篇作品数据分析页面

单击某一篇文章作品右侧的"查看详情"按钮，可以查看该篇文章作品的详细数据，包括作品的流量数据、收益数据、粉丝数据和互动数据，如图7-103所示。

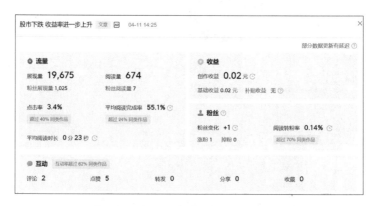

图7-103　单篇文章作品的数据详情页面

在单篇文章作品的数据详情页面中，还可以对单篇文章作品进行消费分析、收益分析和用户画像分析。其中消费分析包括流量趋势、流量来源分析、各来源流量趋势和阅读完成率明细 4 部分内容，如图 7-104 所示。

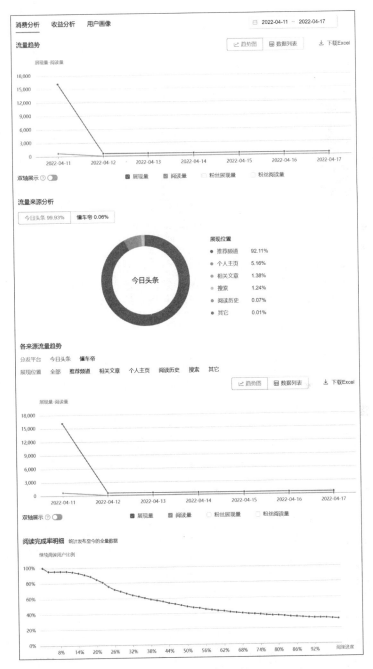

图7-104　单篇文章作品的消费分析

"收益分析"包括收益趋势、收益来源和详细数据3部分内容，如图7-105所示。

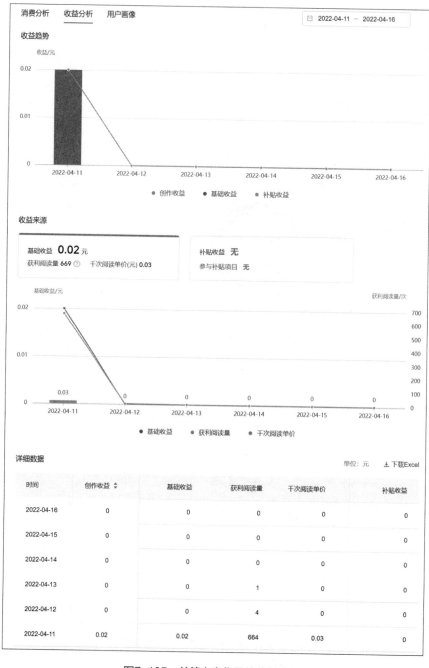

图7-105 单篇文章作品的收益分析

7.4.2 粉丝数据分析

今日头条平台上有很多功能，如果要开通这些功能，头条号的粉丝量就要达到相应的标准。因此，新媒体运营人员需要准确掌握头条号的粉丝情况，为吸引更多的粉丝做准备。今日头条的粉丝数据分析模块主要分为两个部分，一个是粉丝概况，另一个是粉丝列表。

1. 粉丝概况

粉丝概况包括3个模块的内容：核心数据、数据趋势和粉丝特征。通过这3个模块展示的粉丝数据信息，新媒体运营人员可以掌握粉丝的基本情况，并判断账号内容对粉丝的吸引力，从而对账号进行相应的优化调整。

（1）核心数据

头条号的粉丝核心数据包括昨日粉丝变化数（涨粉数和掉粉数）、昨日活跃粉丝数、昨日活跃粉丝占比和昨日粉丝总数，如图7-106所示。

图7-106　头条号的粉丝核心数据

（2）数据趋势

在"数据趋势"模块中可以查看头条号7天或30天内的粉丝数据趋势图和数据列表。在粉丝数据趋势图中可以看到总粉丝数、粉丝变化数、涨粉数、掉粉数、活跃粉丝数等粉丝数据的变化趋势，如图7-107所示。

（3）粉丝特征

"粉丝特征"模块中展示了粉丝的性别分布、年龄分布、地域分布及机型价格分布，这些粉丝特征数据能够帮助运营人员构建头条号的粉丝画像，从而开展有针对性的内容创作和营销活动。

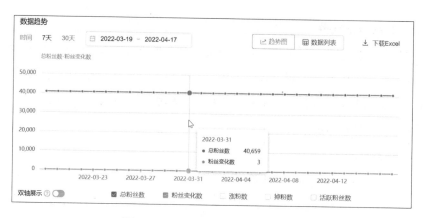

图7-107 头条号的粉丝数据趋势图

2. 粉丝列表

在运营头条号的过程中,运营人员可能会对关注自己头条号的粉丝产生好奇,想要了解这些粉丝的具体情况,或者直接与这些粉丝进行沟通交流,而"粉丝列表"为运营人员提供了与粉丝进行沟通交流的渠道。

在"粉丝列表"页面,运营人员可以查看所有关注自己头条号的粉丝信息,包括粉丝的头像和昵称,如图7-108所示。单击"关注"按钮可以与粉丝互相关注,更加详细地了解粉丝的情况;单击"私信"按钮可以向对方发送私信,进行沟通和交流。

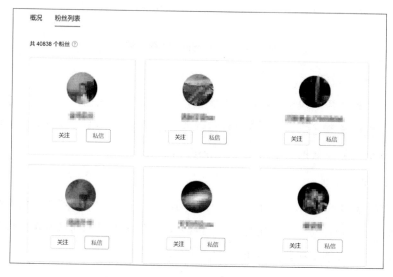

图7-108 头条号的"粉丝列表"页面

7.4.3 收益数据分析

今日头条平台作为一个内容创作和发布平台，能够凭借其独特的推荐算法机制，帮助平台上的内容创作者们轻松实现内容变现，赚取丰厚的收益。在今日头条的收益数据分析模块中，可以分别对头条号的整体收益、创作收益、赞赏收益、商品佣金和自营广告进行分析。这里重点介绍头条号的整体收益和创作收益。

1. 整体收益

在"整体收益"页面中可以看到昨日收益、本月收益和可提现金额3个基本收益数据，如图7-109所示。还可以查看近30日收益、累计收益及可提现金额结算详情。

图7-109 头条号的"整体收益"页面

单击"整体收益"页面中的"前往提现"按钮，可以进入"提现"页面，查看提现数据概览和提现明细；继续单击"提现"页面中的"申请提现"按钮，可以进行提现操作，如图7-110所示。

图7-110 "提现"页面

提现有一定的时间限制,每月的2—4日可以申请提现。

在"整体收益"页面中还可以对收益趋势进行分析,查看"7天""14天""30天"的收益数据列表或收益趋势图,如图7-111和图7-112所示。收益趋势分析展示了总计收益数据、创作收益数据和其他收益数据。

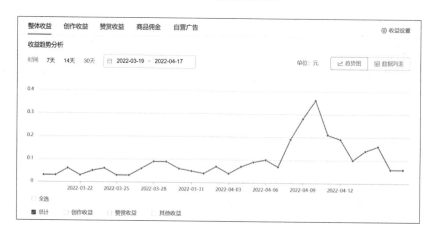

图7-111　收益数据列表

图7-112　收益趋势图

2. 创作收益

头条号的创作收益由基础收益和补贴收益共同组成,其中,基础收益是创作文章、视频、微头条、问答获得的收益总和;补贴收益是通过平台激励活动获得的收益总和。

 提示 今日头条平台的基础收益计算公式为：基础收益＝千次阅读（播放）单价×获利阅读（播放）量÷1000。

在"创作收益"页面中可以看到昨日创作收益和累计创作收益两个收益数据，如图7-113所示。

图7-113 创作收益数据概览

下拉页面，在"收益趋势"模块中可以看到创作收益、文章收益、视频收益、微头条收益、问答收益等相关收益数据的趋势图和数据列表，如图7-114所示。在"收益趋势"模块中也可以单独查看文章类别作品的收益趋势或视频类别作品的收益趋势。

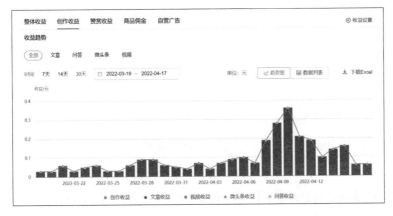

图7-114 "创作收益"页面中的"收益趋势"模块

继续下拉页面，在"单篇作品收益"模块中可以查看单篇作品或单个视频的收益情况，包括创作收益、基础收益、补贴收益和获利阅读（播放）量等数据，如

图 7-115 所示。

图7-115 "创作收益"页面中的"单篇作品收益"模块

7.5 抖音号数据分析

近几年,随着短视频行业的快速崛起,短视频行业的代表——抖音——以全新的信息传播模式吸引了大量的流量,同时还吸引了一大批优秀的企业、机构、媒体和创作者,已然成为当下炙手可热的新媒体平台之一。

在运营抖音账号(以下简称抖音号)的过程中,运营者要想准确判断和了解账号运营的效果,就需要通过数据驱动用户,从而促进收益增长。下面将以第三方数据分析工具"飞瓜数据"为例,讲解抖音号数据分析的方法和技巧。

要进行抖音号数据分析,首先需要登录"飞瓜数据抖音版",然后查询抖音号,对其进行相关的数据分析。在飞瓜数据中查看抖音号的数据概览的具体操作步骤如下。

(1)在"飞瓜数据抖音版"工作台中,依次单击"播主查找"→"播主搜索"按钮,在搜索栏中输入搜索关键词或直接输入账号名称,单击"搜索"按钮,如图 7-116 所示。

(2)在搜索结果页面中选择需要查看数据的抖音号,单击该抖音号后面的"播主详情"按钮,可以查看该抖音号的数据详细信息,如图 7-117 所示。

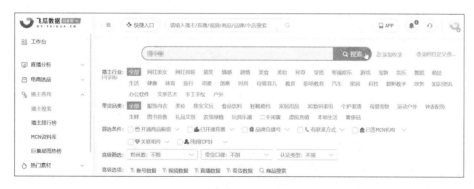

图7-116 搜索抖音号

图7-117 单击"播主详情"按钮

在"飞瓜数据"的抖音号数据详情页面中可以看到6个数据分析模块,分别是数据概览、视频作品、直播记录、带货商品、带货分析和粉丝分析。

7.5.1 基础数据分析

在"数据概览"模块中可以查看账号的一些基础数据,对账号的运营情况进行全面评估。抖音号的基础数据分析共有6个模块,分别是数据概览、粉丝趋势、点赞趋势、评论趋势、评论词云和近30天作品表现。

1. 数据概览

"数据概览"模块中展示了抖音号的涨粉数据、视频数据、直播数据和带货数据等基础的数据信息,如图7-118所示。通过这些数据,运营人员可以对该抖音号的运营情况有一个大致的了解。

图7-118 抖音号基础数据分析中的"数据概览"模块

 数据详情页面左侧的账号基本信息下方也会展示账号的基础数据，如粉丝数、飞瓜指数、作品数、点赞数、粉丝团等数据，如图7-119所示。

图7-119 账号基本信息下方展示的账号基础数据

2. 粉丝趋势

在"粉丝趋势"模块中可以查看抖音号粉丝数的增量或总量的变化趋势,如图 7-120 所示。通常,当粉丝增量为正数时,账号的粉丝总量也会增加。如果将鼠标指针悬停在趋势图的某个位置上,还能查看对应日期的具体粉丝数。

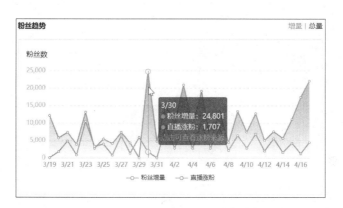

图7-120 抖音号基础数据分析中的"粉丝趋势"模块

3. 点赞趋势

在"点赞趋势"模块中可以查看抖音号点赞数的增量或总量的变化趋势,如图 7-121 所示。通常,当点赞增量为正数时,账号的点赞总量也会增加。同样,如果将鼠标指针悬停在趋势图的某个位置上,能够查看对应日期的具体点赞数。

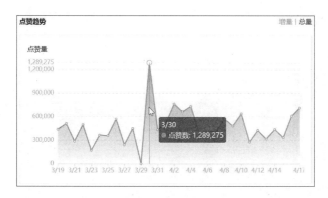

图7-121 抖音号基础数据分析中的"点赞趋势"模块

4. 评论趋势

在"评论趋势"模块中可以查看抖音号评论数的增量或总量的变化趋势,以判断账号与粉丝之间的互动情况,如图 7-122 所示。通常,当评论增量为正数时,账号的评论总量也会增加，说明粉丝的互动积极性很高。同样，如果将鼠标指针悬停在趋势图的某个位置上，能够查看对应日期的具体评论数据。

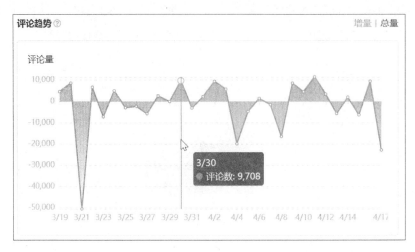

图7-122　抖音号基础数据分析中的"评论趋势"模块

5. 近期10个作品表现

在"近期10个作品表现"模块中可以查看账号近30天内发布的10个作品的点赞量和评论量变化图，如图7-123所示。同样，如果将鼠标指针悬停在图中的某个位置上，能够查看对应日期的点赞量和评论量。

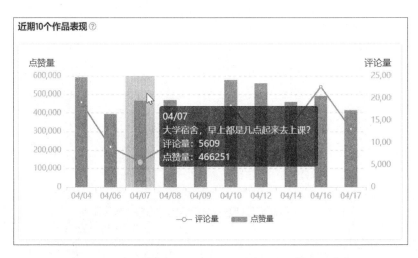

图7-123　抖音号基础数据分析中的"近期10个作品表现"模块

该模块会统计30天内的数据,但却只展示10天的数据,也就是只列出了发布作品的日期的数据情况,对于没有发布作品的日期的数据情况是不进行展示的,因此,图中可能会出现日期不连贯的情况。

6. 近期10场直播表现

在"近期10场直播表现"模块中可以查看账号近30天内10场直播的观看人次和销售额情况变化图,如图7-124所示。同样,如果将鼠标指针悬停在图中的某个位置上,能够查看对应日期的观看人次和销售额。

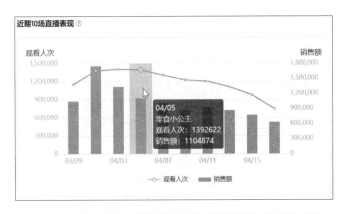

图7-124 抖音号基础数据分析中的"近30天作品表现"模块

7.5.2 视频作品分析

视频作品分析就是对抖音号发布的短视频作品进行相关数据分析,在"飞瓜数据"中,视频作品分析包括视频数据、视频列表和视频分析3个模块。

1. 视频数据

视频作品分析中的"视频数据"模块中展示视频数、平均点赞、平均评论、平均分享等数据指标,如图7-125所示。

在"视频数据"模块中可以查看今天、昨天、7天、30天、90天等时间的视频数据,单击视频数据旁的"设置"按钮,可以自定义选择8个关键数据进行查看,如图7-126所示。

图7-125 视频作品分析中的"视频数据"模块

图7-126 "自定义视频数据"页面

2. 视频列表

"视频数据"模块下方是"视频列表"模块和"视频分析"模块。在"视频列表"模块中可以查看已发布视频的点赞、评论和分享数据,还可以在搜索栏中输入关键词搜索包含该关键词的视频作品,如图7-127所示。

图7-127 视频作品分析中的"视频列表"模块

"视频列表"模块中展示的每条视频作品后有两个按钮,单击第一个按钮,可以查看视频详情;单击第二个按钮,可以播放视频。

单击第一个按钮,进入该条视频作品详情页面,对该条视频作品的相关数据进行分析。"视频详情"页面中除了展示该条视频作品的基础数据,还有两大模块,分别是热度分析和观众画像。其中,观众画像包括视频观众的性别分布、年龄分布和地域分布,与大多数账号的用户画像分析内容一致,这里不做详细介绍。

"热度分析"模块中展示了该条视频作品的评论热词和商品热词,将鼠标指针放置在任意一个词语上,还可以看到该词语的热度占比情况,如图 7-128 所示。

图7-128　某抖音号视频作品的评论热词和商品热词

"热度分析"模块中还会展示该条视频作品的热度趋势图,通过热度趋势图可以查看该条视频作品 48 小时、7 天或 30 天的点赞、评论、分享、收藏等数据指标的总量或增量变化趋势,如图 7-129 所示。

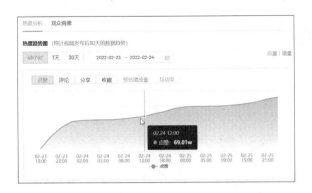

图7-129　某抖音号视频作品的热度趋势图

下拉页面,可以看到该条视频作品与播主视频数据均值的对比情况,包括点赞数据对比、分享数据对比和评论数据对比,如图 7-130 所示。在视频对比数据旁,还可以查看该条视频作品的使用人数分布情况。

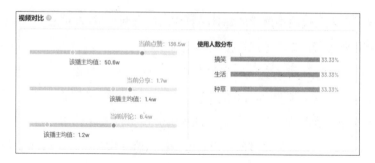

图7-130　某抖音号视频作品的视频对比情况

 提示　播主均值为近30天该播主发布视频的平均点赞量、平均评论量和平均分享量。

此外，在"热度分析"模块中还可以对该条视频作品的音乐和评论进行分析。例如，在"热度分析"模块的"评论列表"中会展示用户对该条视频作品的评论内容，每条评论的后方还会显示该条评论的点赞量，如图7-131所示。

图7-131　某抖音号视频作品的"音乐分析"和"评论列表"

3. 视频分析

在"视频分析"模块中可以分别对视频发布时间分布、视频时长分布、评论热词分布及提及账号分布等情况进行分析。例如，某抖音号的"视频分析"模块如图7-132所示，通过该抖音号的"视频分析"模块中的内容，可以知道该抖音号的视频发布时间主要集中在每天的 16：00—18：00；视频时长通常为 1~3 分钟；评论热词主要包括"观察""喜欢""真好"等。

图7-132　某抖音号的"视频分析"模块

7.5.3　直播记录分析

在"飞瓜数据"中抖音号的直播记录分析主要包括直播数据、直播列表和直播分析 3 个模块。

1. 直播数据

直播记录分析中的"直播数据"模块中分别展示了 4 个关键的直播数据和 4 个关键的带货直播数据，如图 7-133 所示。同样，单击直播数据旁的"设置"按钮，可以自定义选择 4 个关键数据进行查看。

图7-133 直播记录分析中的"直播数据"模块

2. 直播列表

"直播数据"模块下方是"直播列表"模块和"直播分析"模块。在"直播列表"模块中可以查看每场直播的开播时间、观看人次、人数峰值、预估销量、预估销售额等数据信息,如图 7-134 所示。单击直播后的 按钮,可以进入该场直播的详情页面查看直播详情。

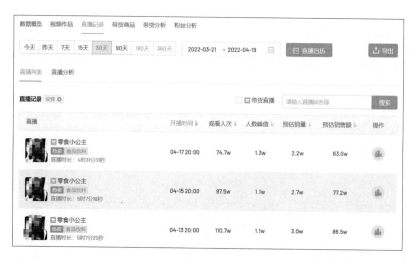

图7-134 直播记录分析中的"直播列表"模块

3. 直播分析

直播记录分析中的"直播分析"模块,与前文中介绍的"视频分析"模块相似,在该模块中可以查看该抖音直播间的直播时长分布、直播日期分布及开播时段分布等,如图 7-135 所示。

图7-135 直播记录分析中的"直播分析"模块

7.5.4 带货商品分析

在"飞瓜数据"中抖音号的带货商品分析包括带货数据、商品分析、团购分析、合作小店等模块。通过抖音号的带货商品分析，运营人员可以了解该抖音号的商品销售情况。下面主要介绍带货数据和商品分析两个模块。

1. 带货数据

带货商品分析中的"带货数据"模块中展示了指定统计周期内该抖音号的销量数据和销售额数据，同时还会展示视频带货数据和直播带货数据，如图 7-136 所示。

图7-136 带货商品分析中的"带货数据"模块

2. 商品分析

带货商品分析中的"商品分析"模块通过商品列表的形式展示该抖音号带货商品的相关数据情况，包括商品的带货销售额、带货销量、关联视频和关联直播，如图7-137所示。

图7-137 带货商品分析中的"商品列表"

单击商品后的 按钮，进入"商品详情"页面，即可查看该带货商品近30天的数据表现，并可以针对该带货商品的热度、带货视频、带货直播、带货播主、成交画像、用户评价等内容进行具体分析，以帮助运营人员进一步提升该商品的带货销量和销售额，如图7-138所示。

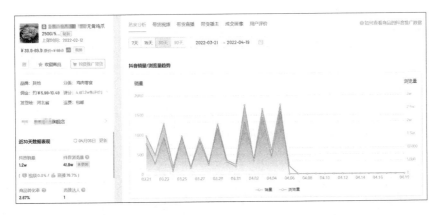

图7-138 某抖音带货商品的"商品详情"页面

7.5.5 带货分析

在"飞瓜数据"中抖音号的带货分析主要是针对账号的带货情况进行分析，包括重点数据、主推品类、营销工具分析、热门优惠TOP5、销量趋势图和销售额趋势图等模块的内容。

1. 重点数据

带货分析中的"重点数据"模块中展示了指定统计周期内该抖音号的带货商品数、带货直播场数、带货视频数及带货口碑数据指标，如图7-139所示。

图7-139 带货分析中的"重点数据"模块

2. 主推品类

带货分析中的"主推品类"模块通过列表的形式展示了该抖音号带货商品品类的相关数据，包括商品的均价、商品数、销量、销售额、客单价、平均转化率及人货匹配度等数据，如图7-140所示。在"主推品类"模块中可以分别按照经营大类、细分品类和商品品牌查看商品品类数据。

图7-140 带货分析中的"主推品类"模块

3. 营销工具分析

在带货分析中的"营销工具分析"模块中可以查看优惠券、满减和限时限量购等营销工具的成交量与成交金额占比情况,从而帮助运营人员选择合适的营销工具来促进商品的销售,如图7-141所示。

图7-141 带货分析中的"营销工具分析"模块

4. 热门优惠TOP5

在带货分析中的"热门优惠TOP5"模块中可以进一步针对优惠券、满减和限时限量购这3种营销工具进行分析,模块中展示了账号排名前5的带货营销类型、活动方式、商品数、成交量、成交金额及客单价,如图7-142所示。

图7-142 带货分析中的"热门优惠TOP5"模块

5. 销量趋势图

在带货分析中的"销量趋势图"模块中可以查看指定统计周期内该抖音号的视频销量变化趋势和直播销量变化趋势,如图7-143所示。

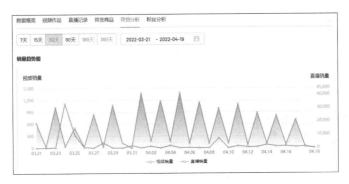

图7-143 带货分析中的"销量趋势图"模块

6. 销售额趋势图

在带货分析中的"销售额趋势图"模块中可以查看指定统计周期内该抖音号的视频销售额变化趋势和直播销售额变化趋势,如图7-144所示。

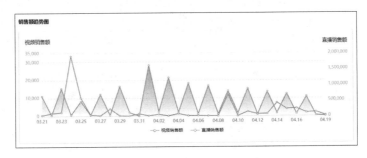

图7-144 带货分析中的"销售额趋势图"模块

7.5.6 粉丝分析

在"飞瓜数据"中抖音号的粉丝分析包括粉丝画像、商品购买需求分布、视频标签喜好分布、粉丝活跃时间分布及粉丝重合度Top10等模块的内容。通过抖音号的粉丝分析，运营人员可以更好地了解账号的粉丝特征，从而开展有针对性的营销活动。

1. 粉丝画像

粉丝分析的第一个模块是"粉丝画像"模块，在该模块中可以分别针对粉丝列表画像、视频观众画像和直播观众画像进行分析，其中展示了粉丝的性别分布、年龄分布和地域分布等相关数据。该模块与其他数据分析平台中的"粉丝画像"模块内容大致相同。例如，通过性别分布可以查看某抖音号男性粉丝和女性粉丝的分布情况，如图7-145所示，进而根据粉丝的性别分布情况合理调整短视频作品的选题和风格。

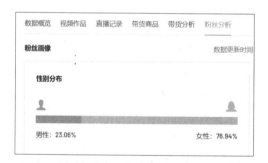

图7-145　某抖音号的粉丝性别分布情况

2. 商品购买需求分布

粉丝分析中的"商品购买需求分布"模块中展示了观众近30天对账号带货商品品类的兴趣占比情况及价格偏好情况，如图7-146所示。单击页面左侧的商品品类名称可以查看观众对相应品类商品的价格偏好。

 提示　观众对商品品类的兴趣占比情况是飞瓜数据平台根据观众对各类商品关联视频或关联直播的互动行为，利用AI算法推断得出的。

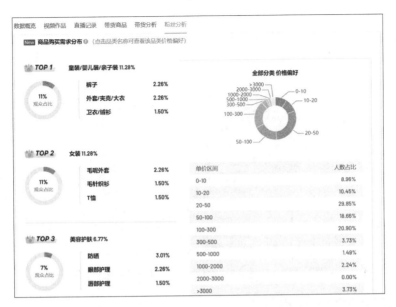

图7-146 粉丝分析中的"商品购买需求分布"模块

3. 视频标签喜好分布

粉丝分析中的"视频标签喜好分布"模块中会列出一些该抖音号粉丝感兴趣的内容标签,并用百分比来表示粉丝对该内容的关心程度,如图 7-147 所示。将鼠标指针悬停在任意标签名称上,可以查看细分标签偏好占比。抖音号的运营人员可以根据粉丝的视频标签喜好分布情况,尽量多创作一些粉丝感兴趣的短视频内容。

图7-147 粉丝分析中的"视频标签喜好分布"模块

4. 粉丝活跃时间分布

在粉丝分析中的"粉丝活跃时间分布"模块中可以"按天"或"按周",查看某个时间段的粉丝活跃占比情况,如图 7-148 所示。抖音号的运营人员可以根据粉丝活跃时间来合理规划视频作品的发布时间或直播开播时间。

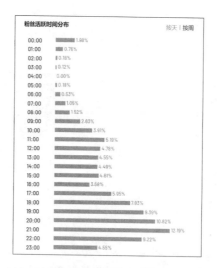

图7-148 粉丝分析中的"粉丝活跃时间分布"模块

5. 粉丝重合度Top10

粉丝分析中的"粉丝重合度Top10"模块中会呈现与当前抖音号粉丝重合度最高的10个抖音号,并展示它们与当前抖音号粉丝的重合度数据,如图7-149所示。也就是说,这10个抖音号的粉丝与自己抖音号的粉丝有一部分是重合的,这部分粉丝不仅关注了自己的抖音号,也关注了这10个抖音号,对这10个抖音号发布的内容也很感兴趣。因此,与自己抖音号重合度最高的10个抖音号,是运营人员需要重点关注的竞争账号。

图7-149 粉丝分析中的"粉丝重合度Top10"模块

课堂实训——利用"飞瓜数据"分析单场抖音直播数据

"飞瓜数据抖音版"中有数据概览、视频作品、直播记录、带货商品、带货分析和粉丝分析六大数据分析模块,可以对抖音号的运营状况进行全方位的数据分析。其中,"直播记录"数据分析模块主要是对抖音号的直播数据进行分析,在"直播列表"中可以查看抖音号每场直播的相关数据。如果要分析抖音号单场直播的相关数据,可以单击直播列表中某场直播后的 按钮,进入该场直播的详情页面查看直播详情,如图7-150所示。

图7-150　查看单场直播详情

"直播详情"页面中有5个模块,分别是数据概览、带货商品、观众画像、流量来源和观众互动。

1. 数据概览

在直播详情的"数据概览"模块中可以分别查看该场直播的人气数据和带货数据,同时还可以查看该场直播的商品分布情况,如图7-151所示。

另外,在"数据概览"模块中可以分别查看该场直播的人气趋势图、带货趋势图和涨粉趋势图。某场抖音直播的人气趋势图如图7-152所示。

图7-151 某场抖音直播的人气数据和带货数据

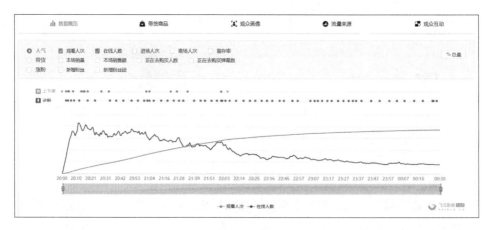

图7-152 某场抖音直播的人气趋势图

2. 带货商品

在直播详情的"带货商品"模块中可以查看该场直播的总销售额、总销量、商品数和动销商品数等数据及直播商品列表,如图7-153所示。通过直播商品列表可以对每个直播商品的带货数据进行具体分析。

图7-153 某场抖音直播的"带货商品"分析

3. 观众画像

在直播详情的"观众画像"模块中可以分别对该直播间的直播观众和粉丝团观众进行人群画像分析，查看观众的性别分布、年龄分布和地域分布情况。同时，还可以查看观众的购买偏好和价格偏好，以及观众的视频内容兴趣占比情况，如图7-154所示。

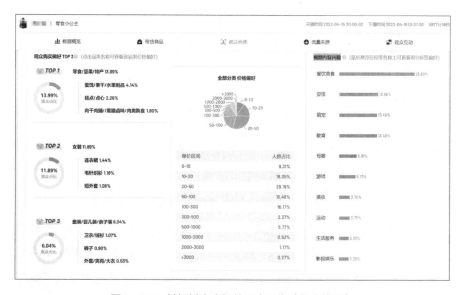

图7-154 某场抖音直播的观众画像（部分截图）

4. 流量来源

在直播详情的"流量来源"模块中可以查看该场直播的观众来源比例、观众来源趋势图，还可以针对直播预热视频的相关指数进行具体分析，了解视频引流占比、视频引流人次和直播期间作品点赞增量等关键数据的情况，如图7-155所示。

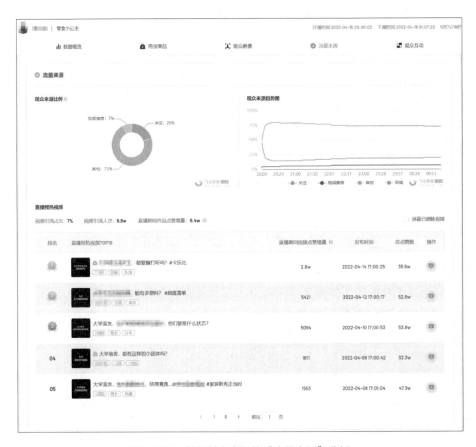

图7-155　某场抖音直播的"流量来源"分析

5. 观众互动

在直播详情的"观众互动"模块中可以通过查看弹幕新人分布、直播间弹幕分析、观众互动趋势图等数据，了解该场直播的互动情况，如图7-156所示。

在"观众互动"模块中还可以通过"弹幕词云"了解观众发布的弹幕情况及弹幕热词有哪些，如图7-157所示。通常，某个词语在直播中出现的频率越高，在"弹幕词云"中显示的字号就越大。另外，单击"弹幕商品需求"或"弹幕品牌需求"中的任意一个热词，即可查看该词语相关的弹幕内容。

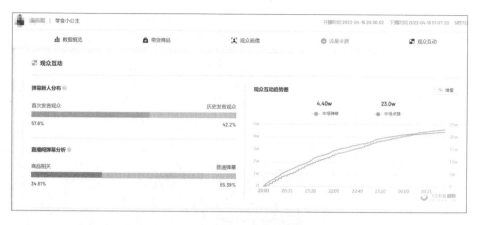

图7-156 某场抖音直播的观众互动情况

图7-157 某场抖音直播的"弹幕词云"

课堂小结

本章为新媒体数据分析实战,详细讲解了淘宝网店、微信公众号、微博、今日头条和抖音号等主流新媒体平台或账号的数据分析实战技巧,旨在帮助读者熟练掌握新媒体数据分析的实战技能,通过数据分析赋能新媒体运营。

课后作业

1. 通过微信公众号后台查看账号最近7天的新关注人数、取消关注人数、净增关注人数和累积关注人数,并将数据整理到Excel表格中。

2. 在进行微博数据分析时,选择一个相关账号进行粉丝对比分析,并根据分析结果总结提升微博运营效率的方法。

第8章 新媒体数据分析报告

本章导读

在完成新媒体数据分析的全部流程后,还有一项重要的工作就是撰写数据分析报告,针对数据分析工作进行总结和汇报。数据分析的目的是将数据转化成有价值的信息,而数据分析报告则是对数据分析的总结与展现,通过报告的形式将数据分析的目的、过程、结果及方案和建议完整地展示出来,为决策者制订运营策略提供重要的参考依据。

本章学习要点

- 了解新媒体数据分析报告的作用和类别
- 熟悉新媒体数据分析报告的撰写原则
- 掌握新媒体数据分析报告的撰写流程、撰写思路和撰写要点

8.1 新媒体数据分析报告的作用

一般情况下,经过数据采集、处理和分析后,我们就能获得一个较为完整的数据分析结果。但即使进行了数据可视化处理,这些数字和图表还是会让很多信息接收者感到一头雾水,无法有效地进行内部交流。此时就需要通过数据分析报告进一步对数据分析结果进行解说和展示,使数据分析结果更易于理解与留存。新媒体数据分析报告的作用主要体现在以下 3 个方面。

1. 跨部门沟通

很多企业的新媒体团队虽然是一个独立的部门,但时常需要与企业的领导和其他部门进行信息交流和信息共享。然而企业的领导和其他部门的员工通常缺乏新媒体专业知识,对于一些比较深奥的新媒体数据专业名词或数据分析结果,没有办法很好地理解。此时就需要利用数据分析报告,将数据分析的来龙去脉讲解清楚,在报告里完整地呈现数据分析背景、数据采集思路、数据处理方法、数据规律与结论等内容,便于非新媒体专业人士理解。

2. 部门内部交流

数据分析报告可用于部门内部交流。在新媒体部门内部,根据负责的不同内容和不同平台,也会划分很多组别,如微信运营组、电商运营组、网站运营组、内容运营组、活动运营组等。新媒体数据分析人员需要通过定期或不定期的数据分析报告,为新媒体部门的内部运营模块提供数据支持,以保证这些新媒体运营部门的精细化运作。

3. 档案留存

新媒体数据分析结果需要作为数据档案,留存于企业资料库。为了便于后续相关人员查阅,需要将数据分析结果转换成报告形式进行留存。另外,每次数据分析的过程都会略有不同,数据挖掘、处理、分析等环节的执行步骤及异常处理过程都是非常宝贵的新媒体运营经验,因此,除数据本身以外,数据分析的整体过程也需要作为档案进行留存。

8.2 新媒体数据分析报告的类别

新媒体数据分析报告主要包括日常运营报告、专项研究报告及行业分析报告,如图8-1所示。其中，日常运营报告和专项研究报告属于内部报告；行业分析报告属于外部报告。

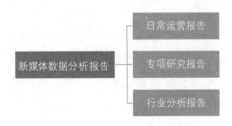

图8-1 新媒体数据分析报告的类别

1. 日常运营报告

日常运营报告是指新媒体部门按汇报周期撰写的新媒体数据分析报告，用于汇报新媒体运营的日常状况，属于定期报告。日常运营报告包括日报、周报、月报、季报和年报，如《网站流量日报》《微信公众号粉丝周报》《短视频播放量月报》《直播间销售额年报》等。

日常运营报告的重点是表头设计与流程固化。首先，日常运营报告是一种常规报告，一旦设计好表头，一个阶段内就不需要频繁变动了，这样便于阅读者对比和分析。其次，日常运营报告一般需要各运营部门提供一个分析周期内的数据，因此，保持固定的数据获取方式和团队内部交付方式，有助于提升日常运营报告的制作效率。

2. 专项研究报告

专项研究报告是针对某个特定问题进行的数据分析与汇报，如《新品推广活动效果报告》《抖音粉丝增长来源分析报告》《微信公众号流量异常分析报告》等。

专项研究报告不同于日常运营报告，不能只提供表面的数据分析报告，需要对待解决的问题进行层层挖掘，力争找到问题的根源。另外，专项研究报告中也不能只分析问题，不解决问题。因此，专项研究报告中除了呈现分析问题的过程和思路，还必须提供解决问题的方案或建议。

3. 行业分析报告

行业分析报告是针对行业整体的新媒体运营情况和同行的新媒体运营情况进行汇报，从而帮助阅读者掌握行业整体的新媒体运营趋势。

由于同行的内部运营数据通常无法直接获取，行业分析报告的内容主要是对行业的整体分析及同行的日常数据监测。其中,整体分析是借助百度指数、微信指数等数据分析工具,研究行业整体的新媒体运营情况和规律;同行分析是对同行的外部数据进行统计和分析,如对同行的微博粉丝数、微信公众号阅读数、网店销量等数据进行统计分析。

8.3 新媒体数据分析报告的撰写原则

数据分析报告通过对项目数据进行全面、科学的分析来评估项目的可行性,从而为项目决策者提供科学严谨的决策依据,以降低项目运营风险,提高企业核心竞争力。撰写新媒体数据分析报告通常应遵循3个原则,如图8-2所示。

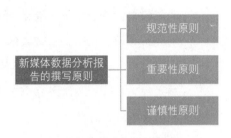

图8-2 新媒体数据分析报告的撰写原则

1. 规范性原则

规范性原则是撰写数据分析报告的基本原则,数据分析报告中使用的名词术语要规范,标准要统一。同时,数据分析报告还要具有很强的可读性,数据分析人员应站在阅读者的角度撰写分析报告,尽量不要使用太多生涩难懂的专业名词。

2. 重要性原则

重要性原则是指数据分析报告中必须体现数据分析的重点内容。在进行数据分析的过程中,应选取真实可靠的数据源作为分析指标,构建相关模型,进行科学专业的分析,并在分析结论中按照问题的重要性排序。另外,分析结论不要太多,一定要突出重点内容,每个分析项目给出一个重要结论即可。

3. 谨慎性原则

撰写数据分析报告一定要谨慎,主要表现在采集的基础数据必须真实可靠且具有说服力,数据分析的过程必须科学合理、全面且有逻辑性。数据分析报告中必须有严谨的数据分析推导过程,不能出现过于主观或猜测性的结论。数据分析报告的内容一定实事求是,不要害怕或回避"不良结论"。

8.4 新媒体数据分析报告的撰写流程

新媒体数据分析报告的撰写流程与新媒体数据分析的流程相似,可以理解为对数据分析流程的优化和处理。新媒体数据分析报告的撰写流程分为5个步骤，如图8-3所示。

图8-3 新媒体数据分析报告的撰写流程

- 拆解问题：不管是进行数据分析，还是撰写数据分析报告，第一步都是明确分析目的。例如，在新媒体数据分析中，首先需要对企业的新媒体运营需求进行分析，通过拆解法拆解出若干个子问题。
- 确定视角：进一步思考每个子问题的解决方法，每个子问题的观察视角即数据分析报告的框架。
- 收集数据：确定了数据分析报告的框架后，根据不同的分析视角收集数据。
- 制作素材：将收集到的数据制作成报告的素材，如各类表格、图表等。
- 报告撰写：最终将素材整理到Word或PPT中，再搭配文字阐述即可。

 新媒体数据分析报告中的文字阐述分为客观描述和主观建议两种类型。其中，客观描述是指基于数据的客观表述；主观建议是指报告者对数据信息的高度提炼及提出的应对策略。

8.5 新媒体数据分析报告的撰写思路

撰写数据分析报告需要具有清晰的思路，这样才能更好地将数据分析的过程和结论呈现在决策者的面前。下面介绍一套通用的数据分析报告撰写思路，即依次思考并回答以下6个问题，如图8-4所示。

1. 发生了什么

撰写数据分析报告首先需要将数据分析的结果展现出来。例如，利用对比法展示某网店1—4月的销售额情况，如图8-5所示。

图8-4 新媒体数据分析报告的撰写思路

数据分析人员在撰写分析报告时,要就图表内容进行一系列的文字说明。从图中可以直观地看到该网店 1—4 月的销售额数据,数据分析人员需要将"发生了什么"这个问题回答出来,即 4 月的销售额为 30593 元,相较于 3 月的销售额(52812 元)环比下降了 42.07%。

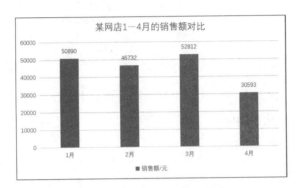

图8-5 某网店1—4月的销售额对比

撰写数据分析报告既要尊重客观事实,又要适当提醒阅读者应重点关注的内容,如本例中 4 月的销售额数据,以及 4 月销售额的下降幅度等。

2. 问题出现在哪里

通过第一个问题,能让数据分析报告的接收者了解发生了什么,接下来数据分析人员就需要去找到问题所在,回答第二个问题。

例如,通过前一个问题,大家知道了该网店 4 月的销售额出现了下降,那么现在就需要弄清楚到底是什么原因导致该网店 4 月的销售额出现了下降。

分析这个问题需要运用拆解法,根据销售额公式:销售额 = 访客数 × 转化率 × 客单价,将销售额的问题拆解成 3 个子问题,具体分析问题出在哪个指标上。该网店 1—4 月的访客数、转化率、客单价数据如表 8-1 所示。

从表 8-1 中可以看到,4 月网店的访客数和客单价相较前几个月并没有出现明显的下降,只有转化率出现了较大幅度的下降,因此可以初步判断该网店 4 月销售额下降是转化率的问题。

表8-1 某网店1—4月的访客数、转化率、客单价数据

月份	访客数/人	转化率	客单价/元
1月	1780	19.06%	150
2月	1407	22.14%	150
3月	1592	22.16%	150
4月	1627	12.56%	150

知道是转化率的问题后，接下来就需要对转化率进行调查分析。通过细分转化率可以发现，转化率的变动与询单转化率有关，主要是询单转化率的变化影响了总体转化率，如图8-6所示。

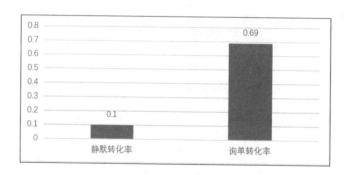

图8-6 转化率对比图

通过分析发现，该网店的询单转化率环比下降了19%，网店中两个客服人员的询单转化率均出现了不同程度的下降，A客服人员的询单转化率环比下降了4.2%，B客服人员的询单转化率环比下降了29.5%。

3. 为什么这件事会发生

这个问题不能单单从数据层面进行解释，需要从业务层面了解相关情况，从而找到问题的根源。例如，本例中如果只是告诉报告接收者，询单转化率下降导致了销售额下降，是没有任何意义的。数据分析人员需要在分析报告中阐述为什么询单转化率会下降，因为这才是问题的根源。

那么，为什么这件事会发生？通过与相关的业务人员进行沟通，数据分析人员了解到了询单转化率下降的真正原因，如图8-7所示。

4. 需要采取什么行动

数据分析人员的工作是帮助决策者解决问题，因此数据分析人员需要具备一定的业务能力，能够在数据分析报告中给出具有可行性的建议方案。例如，本例中数据分析人员给出的建议方案如图 8-8 所示。

为什么这件事会发生？	需要采取什么行动？
通过与相关的业务人员进行沟通，发现A客服人员因为家中突发变故，请假期间的工作由B客服人员暂时接替。因此，B客服人员工作负荷变大，从而导致了询单转化率下降。	增加网店客服人员的储备，建议储备 3 名以上的客服人员，采取轮班制度。如遇紧急情况（临时有客服人员离岗，或节日大促等客服工作量较大），可从仓库、美工等其他岗位调动人员支援客服岗位。

图8-7　询单转化率下降的真正原因　　图8-8　数据分析人员给出的建议方案

5. 下一步将发生什么

这个问题可以告诉报告接收者，如果不及时解决问题，那么在未来会出现什么样的情况。例如，本例中如果不想办法减轻 B 客服人员的工作负荷，那么网店的询单转化率就会持续下降，进而导致网店的销售额也持续走低。

6. 可能发生的最好结果是什么

数据分析报告不仅要告诉报告接收者如果不及时解决发现的问题，未来会面临什么情况，还要告诉报告接收者，如果按照建议方案解决问题，会得到什么结果。例如，本例中如果按照数据分析人员的建议储备足够的客服人员，即可改善当前客服人员工作负荷过大的情况，进而提升网店的询单转化率和销售额。

8.6　撰写新媒体数据分析报告的基本要点

新媒体数据分析报告不仅可以展示新媒体数据分析的成果，同时也可以作为评判企业新媒体运营工作的依据。撰写数据分析报告是每一个数据分析人员都要掌握的必备技能，下面介绍撰写新媒体数据分析报告的基本要点。

- 数据分析报告需要有分析框架，且内容结构清晰、图文并茂，可以让阅读者一目了然。
- 数据分析报告必须有明确的结论，数据分析的目的就是获得一个明确的结论（或结果），如果一个数据分析报告没有明确的结论，那么分析就毫无价值。
- 数据分析报告要具有一定的逻辑性，应遵守"发现问题→总结问题原因→解决问题"这一逻辑。
- 数据分析报告要具有很强的可读性，即分析报告必须站在阅读者的角度撰

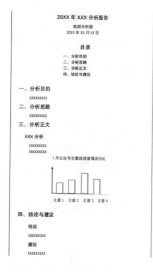

图8-9 数据分析报告的样式

写,让每个阅读者都能轻松阅读。为了便于阅读者理解,分析报告应尽量可视化,更形象、直观地阐述问题和结论。

- 数据分析报告必须给出建议或解决方案,数据分析报告是给项目决策者看的,是决策者做出决策的重要依据。因此,在数据分析报告中不仅要剖析问题、给出结论,还要给出解决问题的方案。

一份完整的数据分析报告包括分析目的、分析思路、分析正文、结论与建议4个部分,具体样式如图8-9所示。

  新媒体数据分析报告的呈现形式根据沟通方式而定。如果数据分析报告需要上会讨论,一般以PPT的形式呈现;如果数据分析报告需要通过电子邮件发送给相关负责人,则一般以Word的形式呈现。

课堂实训——《微信推广费用与推广效果专项研究报告》的撰写方法

撰写新媒体数据专项研究报告,需要针对某个新媒体事件或问题逐层分析,然后找到问题源头,并在报告中给出明确的研究建议。专项研究报告需要符合报告格式,且各环节层层相扣。通常来说,新媒体数据专项研究报告包括4部分内容,分别是问题表述、研究思路、研究过程及分析结论与建议。

某企业新媒体数据分析人员发现该企业近一周(4月18日—4月24日)的微信公众号推广费用有所增加,但推广效果却并不明显。因此,数据分析人员针对企业"近期微信推广费用增加但未见效果"这一问题进行了专项研究,并撰写了一份《微信推广费用与推广效果专项研究报告》。

1. 问题表述

问题表述即阐述数据分析的目的,在《微信推广费用与推广效果专项研究报告》

中需要解决的问题是"近期微信推广费用增加但未见效果",分解问题后可以发现,在该专项研究中实际需要解决的问题有两个,一个是推广费用落实问题,另一个是推广效果跟踪问题,如图8-10所示。

2. 研究思路

明确了需要解决的问题后,接下来需要逐层拆解问题。要解决推广费用落实问题,需要研究企业1—4月的微信推广费用走势情况和近期微信推广费用分配情况;要解决推广效果跟踪问题,需要拆解与微信推广相关的结果数据,包括增加粉丝数量、文章阅读数量、销售数量等,如图8-11所示。

图8-10 专项研究报告的问题表述

图8-11 专项研究报告的研究思路

3. 研究过程

研究过程就是采集和处理研究思路中提到的相关数据,在进行数据分析后得出相应的结论,并对数据进行解读。

该企业1—4月的微信推广费用走势情况如图8-12所示。通过对该企业1—4月的微信推广费用走势情况进行分析,可以看到该企业4月的微信推广费用相较于其他月份确实有明显的增加。

该企业近期微信推广费用分配情况如图8-13所示。从图中可以看到,近期微信推广费用主要用于引流、转化和活动促销工作,其中55%的费用用于引流工作。

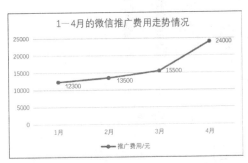

图8-12 1—4月微信推广费用走势情况

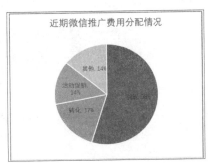

图8-13 该企业近期微信推广费用分配情况

该企业近一周（4月18日—4月24日）的微信公众号粉丝数变化如图8-14所示。从图中可以看到该企业微信公众号近一周增长了4169个粉丝，其中，4月23日涨粉最多，较前一日涨粉4056个。

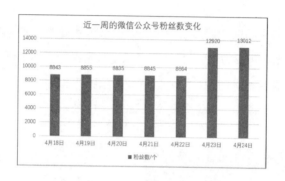

图8-14　近一周的微信公众号粉丝数变化

该企业近一周（4月18日—4月24日）的微信公众号文章阅读数如图8-15所示。从图中可以看到该企业近一周微信公众号文章的日均阅读数为1052次，但在4月23日之前微信公众号文章的日均阅读数却仅为749次。

该企业近一周（4月18日—4月24日）的微信公众号销售情况如图8-16所示。虽然该企业近一周的微信公众号粉丝数和文章阅读数均有较大幅度的提升，但销售转化效果并不明显，近一周的日均订单数仅为167张，甚至连粉丝数和文章阅读数涨幅较大的4月23日，其订单数也没有超过200张。

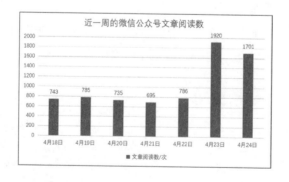

图8-15　近一周的微信公众号文章阅读数

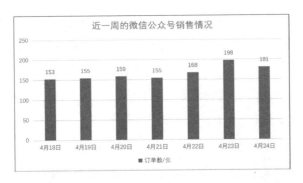

图8-16　近一周的微信公众号销售情况

4. 分析结论与建议

根据研究过程中对相关数据的处理和解读，可以就该企业近期微信公众号的运营情况得出 3 个结论，如图 8-17 所示。

通过数据分析，我们首先可以得出的结论就是微信公众号涨粉效果显著。因为该企业近期在微信引流方面花费了 13200（24000×55%）元的推广费用，使得微信公众号粉丝增长了 4169 个，平均每个粉丝的获取成本为 3.17（13200÷4169）元。

其次，从文章阅读数来看，微信公众号内容曝光度有所提升。该企业微信公众号在 4 月 23 日和 4 月 24 日连续两天文章阅读数突破 1500 次，高于日常文章阅读数的两倍以上。

最后，我们可以得到的结论是微信公众号转化效果不佳。因为从 4 月 18 日到 4 月 24 日微信公众号的日均订单数仅为 167 张，并没有同粉丝数和文章阅读数一样，出现较大幅度的增长。

结合这 3 个分析结论，对于该企业接下来的微信公众号运营工作提出两个建议，如图 8-18 所示。

图8-17　分析结论

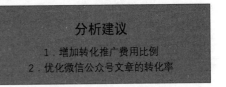

图8-18　分析建议

（1）增加转化推广费用比例

该企业 4 月的微信推广费用主要用于引流工作，促使了企业微信公众号粉丝数量增加。在下一阶段，可以考虑适当调整推广费用比例，提高销售转化的推广费用比例，通过"买赠""购物抽奖""下单有礼"等活动，促进销量的提升。

（2）优化微信公众号文章的转化率

在 4 月 23 日微信公众号的文章阅读数有明显的提升，说明作者在 4 月 23 日发布了一篇比较受欢迎的文章，使文章阅读数和内容曝光度都有了显著提升。但微信销量却没有随着文章阅读数的增长而增长，说明微信公众号的文章内容需要进一步优化，尤其是文章内的广告植入部分，需要加入一些具有吸引力的元素。通过提高文章转化率，结合正在逐步提升的文章阅读数，可以有效增加微信公众号的订单数量。

课堂小结

本章主要介绍新媒体数据分析报告的相关内容，就新媒体数据分析报告的撰写原则、流程、思路和要点等进行了详细讲解。通过对本章的学习，读者可以更好地认识新媒体数据分析报告，了解新媒体数据分析报告的作用，熟悉新媒体数据分析报告的类型，并掌握新媒体数据分析报告的相关撰写要领，从而将新媒体数据分析的过程和结果完美地呈现出来。

课后作业

1. 请判断下列新媒体数据分析报告分别属于什么类别。

《直播间转化率数据分析报告》

《网站流量月报》

《2021 年餐饮行业新媒体运营数据分析报告》

《新产品短视频推广活动分析报告》

2. 根据新媒体数据分析报告的撰写思路，撰写一份抖音平台粉丝数据分析报告。